LE FIL DE L'ÉPÉE

collection tempus

Charles DE GAULLE

LE FIL DE L'ÉPÉE

Présenté par
HERVÉ GAYMARD

PERRIN
www.editions-perrin.fr

Secrétaire générale de la collection :
Marguerite de Marcillac

12, avenue d'Italie
75013 Paris
Tél. : 01 44 16 09 00
Fax : 01 44 16 09 01
www.editions-perrin.fr

ISBN : 978-2-262-05020-7

tempus est une collection des éditions Perrin.

Présentation

Secret de conduite

I

A quoi pense Charles de Gaulle quand il arrive le 8 octobre 1940 à Douala, dans ce Cameroun qui vient de rallier la France libre avec le Congo et le Tchad, lors des « Trois Glorieuses » de la fin août ? Depuis le 17 juin, il lui a fallu construire, mentalement, son for intérieur, assiégé de toutes parts. Les armes parleraient ensuite. D'abord un texte court, lumineux, implacable, lucide et gorgé d'espérance. Intelligent, au sens du triptyque que Malraux énoncera plus tard : la destruction de la comédie, c'est-à-dire le refus de se vautrer dans la défaite et de danser sur les ruines ; l'esprit hypothétique : cette guerre est mondiale ; la capacité de jugement : elle est déjà gagnée. C'est l'Appel. Le point de repère, l'étoile Polaire, dans un horizon qui se dérobe, comme dans la houle : la solitude, les proconsuls de l'empire qui n'affrontent pas son regard, la dégradation et la condamnation à mort par contumace, le pauvre pays sur les routes, bafoué et humilié. Les officiers nazis à la place des députés dans l'hémicycle de l'Assemblée nationale, le bras tendu, écoutant dans un rite païen la voix de leur maître jaillir de son buste inerte comme une idole, posé sur le linceul de la République qui recouvre le perchoir. « La déroute des esprits faisait prévoir celle des armées », avait écrit Bernanos... Et il y a quinze jours seulement, l'échec devant Dakar, écho tragique de Mers el-Kébir. Et cette comédie des erreurs, d'autant plus accablante qu'elle s'inscrit dans la force des choses, lui a rappelé cette maxime glanée chez le cardinal de Retz, dont le style supplantait une fois encore la petitesse d'âme : « Tel est le sort de l'irrésolution ; elle n'a jamais plus d'incertitude que dans sa conclusion. » Plus jamais il ne subirait la captivité et l'impuissance, comme en 1916. Ni l'irrésolution ni les atermoiements d'autrui. Il ne serait désormais contraint de composer qu'avec les hésitations de l'Histoire. C'est une question de survie. Cela ou rien.

Dans la moiteur équatoriale, raconte un témoin de la scène à laquelle a assisté François Jacob, « sur les passerelles et les dunettes, jusqu'au faîte des superstructures, des soldats en kaki, coiffés du casque colonial, armés de fusils et de mitraillettes, se tenaient immobiles, hiératiques, en un garde-à-vous rigide. Ils formaient comme une pyramide humaine à touche-touche, au coude à coude, qui, prenant sa base sur les ponts, s'élevait haut dans le ciel, d'une fixité impressionnante.

« Au moment même, Leclerc présenta son épée qui brilla de mille feux au soleil de midi. Puis, sur le navire, parmi les guerriers posant comme des statues, un homme apparut, un homme immense, tout en blanc. Il passa dans les rangs, traversa la planche de débarquement et s'approcha de Leclerc. Faisant décrire à son épée une étincelante parabole, Leclerc salua la haute figure qui le dominait. »

C'est sur cette terre d'Afrique qu'il ne connaît pas, sur laquelle il va dans quelques instants poser le pied, après ces derniers mètres sur cette dérisoire et fragile passerelle, qu'il va devenir l'homme du destin. Que la parole s'incarnera enfin. Les maigres troupes, Français libres débarqués quelques heures plus tôt, régiments coloniaux ralliés, aux uniformes disparates et aux galons hâtivement cousus, ne sont pas encore les « clochards épiques de Leclerc » qui bientôt, de Koufra à Strasbourg, redonneront leur honneur aux armes de la France. Mais il y avait déjà dans les cœurs et le regard de ces hommes partis de rien le simple amour du pays et de la liberté. La magie de la foule africaine, le tréfonds envoûtant et circulaire venu du fond des âges prennent possession peu à peu de l'officier continental jusqu'alors mobilisé mentalement par la connaissance de l'Est, peu sensible à la gloire de l'empire, même si les taches roses des atlas flattent en lui la grandeur de la France, qui depuis l'enfance déjà se confond avec sa vie, cette vie qui pour lui sera toujours une « pauvre vie », comme il le dira, bouleversé, le 25 août 1944 dans Paris libéré. C'est sur cette terre d'Afrique qu'il est revenu en France. Les premières pages de la victoire auront pour toujours des résonances africaines, Mourzouk, Keren, Agordat. Massaouah, aussi, où je verrai cinquante ans plus tard, à côté de l'hôpital dévasté par l'aviation éthiopienne, une immense croix de Lorraine intacte. Et c'est parce que le sang versé était multicolore qu'il fut tricolore. La France Libre fut africaine, et Brazzaville bientôt sa capitale. Sans l'Afrique, l'Appel ne serait resté que l'éternelle supplique sans écho des peuples qui ne veulent pas mourir.

II

Londres. Douala. Fort-Lamy. A Fort-Lamy, capitale poussiéreuse d'un district oublié de l'empire, désertique au nord, équatorial au sud, le 17 octobre 1940, le destin se scelle. Souvent gommée de la légende, c'est la scène native et capitale. C'est là, dans les tourbillons de la poussière sahélienne, que l'homme du 18 Juin rencontre sa plus discrète et sa plus importante légitimation, dans son face-à-face avec le général Catroux, sur le tarmac de l'aérodrome.

Depuis juillet 1939, Catroux est gouverneur général de l'Indochine, avec les pouvoirs civils et militaires. Bien vite, il se reconnaît dans l'appel du 18 Juin lancé par cet officier qui a servi sous ses ordres une dizaine d'années plus tôt au Levant, qu'il n'a pas revu depuis longtemps. Il n'en laisse d'abord rien paraître pour ne pas fragiliser encore davantage une Indochine déjà à la merci des Japonais. Il donne le change. Et c'est après avoir quitté sa charge, au début du mois d'août 1940, qu'à l'escale de Singapour il annonce son ralliement à la France libre, seul proconsul de la République à franchir le Rubicon. Après de nombreuses péripéties, il est enfin à Londres en septembre, où il décline une offre ambiguë de Churchill qui reviendrait à supplanter de

Gaulle. Il repart aussitôt en mission au Caire, puis en Palestine, afin d'évaluer la situation du Liban et de la Syrie. Il rallie enfin Fort-Lamy, *via* Khartoum et El-Facher, pour rencontrer de Gaulle qui faillit ne jamais y arriver, du fait d'un accident d'avion qui eût pu être fatal ; le destin, toujours. Félix Eboué, le gouverneur du Tchad, et toutes les autorités civiles et militaires ont la gorge nouée quand le général de Gaulle descend du petit avion. Et ils se demandent ce qui va se passer lors du face-à-face entre un général de brigade à titre temporaire, condamné à mort, et un général d'armée de la plus grande France, au parcours subtil et éclatant, qui est son supérieur hiérarchique.

Sans hésiter, le général d'armée Georges Catroux se met au garde-à-vous devant le général de Gaulle. En retrait de l'épopée, alors qu'au frontispice de la France refondée il devrait figurer aux côtés de Leclerc et de Kœnig, racé, loyal, sachant écrire et discerner, la paupière légèrement ombrée, tel un Mauriac en uniforme, il reviendra brièvement, dans ses Mémoires, sur cette scène capitale qu'il veut pourtant banaliser, ce qui est la marque des plus grands. « On a souvent raconté la scène de ma rencontre à l'aérodrome de Fort-Lamy avec le général de Gaulle. Et on m'a su gré de l'avoir abordé comme mon chef, les talons joints. En pouvait-il donc être autrement ? De Gaulle était mon chef, parce qu'il était la France et je me mettais à ses ordres, parce que j'étais aux ordres de la France ! De la hiérarchie, il avait monté tous les degrés, le 18 juin où, d'un coup d'aile, tenant dans ses mains les tronçons du glaive de la France, il s'était porté à un rang que nul ne pourrait plus jamais lui disputer. J'ai ratifié dès le premier jour cette immense promotion à laquelle le peuple français tout entier, et avec lui le monde, devaient dans la suite souscrire. Voilà tout le secret de mon attitude à laquelle de Gaulle répondit en ouvrant ses grands bras et nous échangeâmes l'accolade de vieux amis et de frères d'armes. »

Ils avaient été ensemble en captivité, à partir de 1916, au camp de Wülzburg. Et le 8 janvier 1959, c'est le général d'armée Georges Catroux, grand chancelier de l'ordre de la Légion d'honneur, qui à l'Elysée nouera le collier de grand maître de l'Ordre au premier président de la Cinquième République, Charles de Gaulle.

III

Londres, Douala, Fort-Lamy. A cet instant précis, Charles de Gaulle songe-t-il à la vie réelle qui rencontre la vie rêvée, se voit-il écrire une dizaine d'années plus tôt *Le Fil de l'épée*, cette incroyable et, en vérité, si peu étonnante injonction qu'il s'est adressée à lui-même, comme un jeune écrivain trace sa feuille de route et écrit le poème de sa vie dans les limbes de l'adolescence ? Au moment même où il étreint Catroux sur ce tarmac désertique, pense-t-il à ce jour d'avril 1927 où le maréchal Pétain s'efface devant lui lorsqu'il entre dans l'amphithéâtre Louis de l'Ecole militaire, où il prononcera la première de ses trois conférences, *De l'action de guerre*, amplifiée ensuite par *Du caractère* et *Du prestige* ? Capitaine depuis douze ans, médiocrement classé quatre ans plus tôt à l'Ecole de guerre, il fallait montrer à l'établissement militaire que l'officier de plume du Maréchal, qui finira par s'étioler au 4 bis du boulevard de Latour-Maubourg, était du bois des grands chefs. Il se revoit, sanglé dans son uniforme, son sabre au côté, fixant ses supérieurs. Il entend encore sa voix porter dans le silence sépulcral de ce mausolée de l'armée française, victorieuse, mais saignée à blanc par la Grande Guerre, comme dévitalisée par sa victoire à l'usure. L'écho retombé, il avait écrit à son père : « Les partisans jubilent, les neutres font des sourires, et les requins qui nagent autour du navire, attendant que je tombe à l'eau pour me dévorer, se sont écartés à bonne distance. » Il en serait toujours ainsi. Et à l'automne, dans le grand amphithéâtre de la Sorbonne, devant un public plus composite, la ville après la cour, il avait compris qu'il ne serait pas seulement un militaire. Et que ces conférences donneraient la matière d'un livre qui s'adresserait tout autant aux politiques.

Cinq ans plus tard, en juillet 1932, les éditions Berger-Levrault publient *Le Fil de l'épée*. A Trèves – son premier commandement depuis sa captivité de 1916 –, puis à Beyrouth où il croisa à nouveau Catroux qu'il signala au colonel Emile Mayer comme étant le seul qui comprenait le Levant (« et c'est pourquoi il est parti »), il ne cessa de réfléchir à son cher et vieux pays, qu'il sentait imperceptiblement se déliter – « énervé de démocratie et encombré de vieillards » écrira-t-il dans la fureur et le regret. Mille fois, sur les bords du Rhin, puis sur les rives de l'Oronte, il a remis le travail sur le métier, peaufinant, comme on dit dans les armées, les trois conférences, ainsi qu'un article plus ancien sur la doctrine, pour les parachever par *Le Politique et le Soldat*. Il était fier de son livre, et satisfait des critiques rares mais élogieuses parues dans *Les Débats*, *Le Temps*, *La Liberté*, et *L'Ami du peuple*. On peut même penser que la faiblesse des ventes, sept cents exemplaires dit-on, ne l'affecta guère, car ce livre était d'abord adressé à lui-même.

Bien sûr, le dédicataire fut le vainqueur de Verdun, celui sans qui ces conférences n'auraient pas eu lieu. « Cet essai, Monsieur le Maréchal, ne saurait être dédié qu'à vous, car rien ne montre, mieux que votre gloire, quelle vertu l'action peut tirer des lumières de la pensée. » Lequel lui répondit qu'il souhaitait voir disparaître cette dédicace des éditions ultérieures, car « peu intéressé par sa gloire ». Voire. « Mort en 1925 », dira de lui de Gaulle, bien plus tard. Cette dédicace de 1932, la première reconnaissance de dette au vieux chef déclinant. L'ultime hommage sera la dédicace de *La France et son armée*, qui paraîtra au moment même des accords de Munich, en septembre 1938. C'est, imperceptiblement, entre 1927 et 1932, que se mettent en place les éléments de la querelle entre maréchalistes et généralistes, qui a « aidé deux générations qui sonnaient le creux à se donner une contenance », comme l'écrira Guy Dupré dans ses sublimes *Manœuvres d'automne*, querelle qui demeure sans doute une marque durable de la vie politique française. *Le Fil de l'épée* n'est pas seulement le recueil augmenté des conférences. C'est déjà un autre livre, car il est la matrice d'un destin. Et toujours les destins procèdent du déchaînement intérieur sublimé, dans la sérénité.

IV

C'est d'abord un livre *écrit*. Dès les premières phrases du *Fil de l'épée*, on sait qu'on est entré en pays de littérature. On a passé cette frontière invisible reconnaissable à un mot, une ponctuation, un silence. Peu importe l'objet que transfigure le style, on sent que l'on est en terre connue, même si tout reste à découvrir. C'est tout ensemble un goût, une senteur, une impression. Car la littérature saisit le profond de l'âme quoi qu'elle touche, quoi qu'elle traite. Le style, d'abord, bien sûr. Ou faut-il plutôt parler d'*écriture*, comme le fera Dominique de Roux : « L'écriture de Charles de Gaulle, c'est l'écriture du destin. Quel destin ? Une intelligence prophétique de l'histoire, prenant à son compte les armes de la liberté la plus grande. » On l'a beaucoup raillé plus tard, quand il fallait bien chercher des noises à l'insupportable, au scandaleux libérateur de la patrie. On l'a trouvé sentencieux, démodé. Mais il est indémodable, daté peut-être, comme un lointain écho d'une époque où l'on attachait de l'importance à la forme, il se déploie, pour vous élever sans mièvrerie. On sent le futur mémorialiste, le tribun sobre et envoûtant faire ses gammes, en usant – et abusant parfois peut-être – de ce fameux rythme ternaire qui deviendra une marque de fabrique, apparemment enchaîné dans un ressac incessant et circulaire, mais dont il déjauge brusquement. Tel un oiseau qui prendrait son envol après s'être nourri de l'Histoire, et des éternels regrets, pour gagner les horizons et tracer la perspective. Les exemples se reflètent à l'infini, dans ce petit livre. Retenons au passage : « Puisse la pensée militaire française résister à l'attrait séculaire de l'*a priori*, de l'absolu et du dogmatisme ! Puisse-t-elle, pour n'y point succomber, se fixer à l'ordre classique ! Elle y puisera ce goût du concret, ce don de la mesure, ce sens des réalités qui éclairent l'audace, inspirent la manœuvre et fécondent l'action. » Il y a toujours, après la chute, cette sorte de silence intérieur, cette manière d'apesanteur, ce léger tremblé, cette rêverie qu'insuffle l'écrivain à l'âme du lecteur.

Les citations, nombreuses, témoignent d'une culture éclectique, qui n'est pas apprise, et n'est à l'évidence pas conventionnelle pour un officier de son milieu et de son époque. Il y a les écrivains ou les penseurs qu'il cite, par ordre d'entrée sur la scène : Shakespeare, Psichari, Vauvenargues, Vigny, Retz, Goethe, Bergson, l'ami de la famille, Bacon, Flaubert, Tolstoï, Anatole France, Georges Duhamel, Ardant du Picq, Maeterlinck, Heine, Rousseau. Et ceux qu'il ne cite pas, mais dont l'intime connaissance est illustrée par une allusion. Il a lu Alfred Jarry et son père Ubu. Par bien des notations, on sent qu'il a assimilé Charcot ou Freud pour percer l'âme humaine et comprendre les pulsions de la civilisation moderne (« L'instinct est, en effet, dans notre moi, la faculté qui nous lie de plus près à la nature »). Il ne cite pas Morand – prélude d'une longue querelle ? – mais l'enrôle comme un symptôme quand il écrit : « Aujourd'hui, les livres appréciés vous promènent autour de la terre. »

Mais comme l'incandescence sous le givre, ce livre, d'une facture classique, drapé, parfois même marmoréen, qui peut paraître si formel au premier coup d'œil, est d'abord non conformiste, par son jugement sur la France, sur le corps militaire, sur l'époque. L'ouvrage est truffé de ces fulgurances qui témoignent de la lucidité de celui qui, comme dans tout amour, aime la France autant pour ses défauts que pour ses qualités. Notons au passage quelques-unes de ces saillies, noyées dans le récit historique ou la synthèse conceptuelle. Sur les militaires : « Il est vrai que, parfois, les militaires, s'exagérant l'impuissance relative de l'intelligence, négligent de s'en servir. La tendance au moindre effort trouve là son compte. » Sur l'esprit français : « Curieux et compréhensif, il a besoin de logique, il aime enchaîner les faits par des raisonnements, se fie à la théorie plus volontiers qu'à l'expérience. » Sur l'armée française des années 1930 : « L'armée [devra faire] disparaître ce qu'il y a, sans doute, de compassé dans ses méthodes, de différé dans ses décisions, de rigide dans ses procédés, et qui risquerait, à la longue, de l'exiler de son temps, d'écarter d'elle les meilleurs, d'indisposer l'élite d'aujourd'hui. » Sur la logorrhée administrative : « Les règlements ont toujours prescrit la concision des ordres, et nous voyons trop bien aujourd'hui comment l'autorité se ronge elle-même par la vague des papiers et le flot des discours. » Sur la société moderne, on croit lire *La France contre les robots* de Bernanos, qui sera publié douze ans plus tard : « Aujourd'hui, l'individualisme a tort. Partout se fait jour le besoin de s'associer. [...] En même temps, la forme agglomérée et précipitée de la vie impose à l'atelier, au bureau, dans la rue, une discipline de fait dont la rigueur eût révolté nos pères. Le machinisme et la division du travail font reculer tous les jours l'éclectisme et la fantaisie. Quelles que soient les tâches et les conditions, la force des choses répartit en tranches égales pour tous le labeur et le loisir. L'instruction tend à s'unifier. Les logements sont homothétiques. De Sydney à San Francisco, en passant par Paris, on taille les habits d'après le même patron. Il n'est pas jusqu'aux visages qui ne commencent à se ressembler. Sans conclure, peut-être, avec M. Maeterlinck, que l'humanité tende à la termitière, on voit bien qu'elle désapprouve l'indépendant et l'affranchi. »

V

On ne commente pas *Le Fil de l'épée*. On le lit. Car la pensée et son expression littéraire sont tellement ramassées, concentrées, que l'on s'enliserait vite dans une médiocre paraphrase. Le livre commence par caractériser l'action de guerre pour se terminer par une réflexion prémonitoire sur les relations entre le politique et le soldat, après avoir exploré, démonté, confronté les moyens et les attributs du pouvoir que sont le caractère, le prestige et la doctrine.

Ecrit dans des années marquées par le pacifisme, enfant de la grande tuerie qui vient d'advenir, *Le Fil de l'épée* est d'abord un ouvrage de réarmement moral dans une époque incertaine, marquée par la mélancolie du corps militaire. « A se détendre brusquement, il semble que le ressort se brise, non sans rendre, parfois, ce son sourd et profond de plainte dont nous ont bercés Vauvenargues et Vigny. » C'est cette mélancolie qu'il faut combattre, car « les lois désarmées tombent dans le mépris », comme l'écrit le cardinal de Retz. Il faut donc cultiver la force, « recours de la pensée, instrument de l'action, condition du mouvement ». Et quand vient le moment de définir l'action de guerre, Charles de Gaulle ne nous livre pas un panorama d'histoire-bataille, quoique les références affleurent, mais procède à un jeu de miroirs, ou plutôt à une *mise en abyme* de ses vertus fondamentales, la contingence, l'intelligence, l'instinct. Avait-il entendu Bergson, un jour à la table familiale, parler de l'intelligence, « dont la nature est de saisir et de considérer le constant, le fixe, le défini, et de fuir le mobile, l'instable, le divers », pour s'en méfier durablement ? En décembre 1927, il écrira au colonel Mayer : « … car que “faire” avec l'intelligence ? Prétentieuse impuissante. Mars était beau, fort et brave, mais il avait peu d'esprit. » Intéressante défiance à l'égard de l'intelligence, sans qu'il sombre pour autant dans l'anti-intellectualisme. Voie étroite entre l'éther et la tripe. « L'action de guerre offre à l'esprit humain une sorte d'obscurité que l'intelligence ne suffit point à percer », car « dans l'esprit de l'homme qui doit agir, elle prépare la conception mais ne l'enfante pas ». Louons donc l'instinct, par lequel « l'homme perçoit la réalité des conditions qui l'entourent et qu'il éprouve l'impulsion correspondante. Il se passe pour le chef de guerre, en matière de conception, un phénomène analogue à celui dont l'artiste est le sujet ». L'artiste en politique, déjà… Et si l'on n'avait pas suffisamment compris l'essence de sa pensée, il convoque Flaubert décrivant dans *Salammbô* Annibal adolescent, déjà revêtu

« de l'indéfinissable splendeur de ceux qui sont destinés aux grandes entreprises ».

Fille de la contingence, de l'intelligence et de l'instinct, « voilà la conception formée ! » s'écrie-t-il comme la vigie s'exclamant devant le Nouveau Monde à l'horizon. Mais pour qu'elle puisse se déployer, il faut un chef qui tire l'effort hors de lui-même, le manifeste et l'impose. Il doit exsuder l'autorité, et pour ce faire, garder la distance. « Parfois, le chef inapte à se décider, se donne par l'agitation l'apparence et l'illusion de l'activité et, s'attachant à ces quelques détails, consume en interventions accessoires et désordonnées son désir d'influer quand même sur les événements. » Nous avons tous connu cela, et pas seulement dans la sphère militaire, tout comme cette vérité intemporelle : « Le choix qui administre les carrières se porte plus volontiers sur ce qui plaît que sur ce qui mérite. » Ou ce *lamento* tellement actuel : « Aujourd'hui, c'est vers les affaires que se tournent les ambitions, l'argent étant, pour le moment, le signe apparent de la puissance. » Mais ce chef ne serait rien, bien sûr, sans caractère ni prestige.

Et c'est là que commence le morceau de bravoure que connaissent même ceux qui ne liront jamais *Le Fil de l'épée*. On hésite à rappeler ces phrases, ressassées jusqu'à la lassitude, dont n'émergeront ci-après que quelques fragments, car il faudrait tout citer, tant la rhétorique se prolonge, se complète, rebondit, s'accomplit.

« Aux soldats d'aujourd'hui, comme à ceux de naguère, il faut un culte qui les rassemble, les réchauffe et les grandisse. Il faut qu'une vertu offre à l'ordre militaire un idéal rajeuni, lui confère, par l'élite, l'unité des tendances, provoque l'ardeur et féconde le talent. Le Caractère sera ce ferment, le Caractère, vertu des temps difficiles. »

« Face à l'événement, c'est à soi-même que recourt l'homme de caractère […] Bref, lutteur qui trouve au-dedans son ardeur et son point d'appui, joueur qui cherche moins le gain que la réussite et paie ses dettes de son propre argent, l'homme de caractère confère à l'action la noblesse ; sans lui morne tâche d'esclave, grâce à lui jeu divin du héros. […] La passion d'agir par soi-même s'accompagne, évidemment, de quelque rudesse dans les procédés. […] D'ailleurs un tel chef est distant, car l'autorité ne va pas sans prestige, ni le prestige sans éloignement. »

Ce prestige, « qui ne peut aller sans mystère, car on révère peu ce que l'on connaît trop bien. […] La sobriété du discours accentue le relief de l'attitude. […] La réserve systématique observée par le chef ne produit, cependant, d'impression que si l'on y sent enveloppées la décision et l'ardeur. On connaît de ces gens impassibles qui passent quelques temps pour des sphinx et bientôt pour des imbéciles », autre manière de décliner la maxime du grand Joubert, l'ami de Chateaubriand : « Dans l'ordre du secret, les hommes sont trop facilement égaux. » Malraux relèvera cette remarque dans un dialogue fameux des *Noyers de l'Altenburg*. « Réserve, caractère, grandeur, ces conditions du prestige imposent à ceux qui veulent les remplir un effort qui rebute le plus grand nombre. » Et de citer Faguet évoquant « la misère des hommes supérieurs », et Bonaparte, bien sûr : « Oui, c'est triste comme la grandeur ! » Cette phrase résonne comme l'écho d'une vie encore à venir.

Jamais il ne faudrait montrer ses sentiments. Non pas pour conserver son mystère. Par pudeur, tout simplement. Revenant sur la matrice commune de ceux qui ont rompu les amarres, il dira furtivement, comme à regret, le 15 novembre 1941 à l'Albert Hall, à Londres : « Je ne commettrai pas l'indélicatesse d'insister sur ce que cela représente, au total, de souffrances et de sacrifices. Chacun de nous est seul à connaître, dans le secret de son cœur, ce qu'il lui en a coûté. » A Douala, raconte le lieutenant Muracciole, « nous sommes au garde-à-vous, figés, et de douces larmes coulent de nos yeux extasiés. Le général de Gaulle, je le crois, pleure comme nous ». Des décennies plus tard, à un de ses ministres, Edgard Pisani, qui lui livrera son émotion au départ du dernier soldat français du sol algérien, il ne répondra pas d'emblée. Mais plus tard, après un détour de conversation, juste avant de prendre congé, il lui dira : « Mesurez-vous votre privilège de pouvoir vous confier à quelqu'un ? » Comment imaginer qu'un homme vivant, même dans sa stature de connétable de France, n'ait pas eu de sentiments, pas de souffrances intimes, n'ait pas été écartelé par les déchirements du pouvoir dans ces temps incertains et cruels ? Tout est sentiment dans sa démarche, depuis le premier jour, car c'est au cœur de la France qu'il a toujours parlé. Cette France qu'il a entraînée à surmonter son chagrin pour s'accomplir.

Jamais peut-être le prestige du chef n'a été si tangible, si vrai, si émouvant, que dans le regard de Luc Jardie, interprété par Paul Meurisse, quand une ombre immense et silencieuse lui accroche la croix de Compagnon de la Libération. C'est ce regard qui fonde la légitimité. L'œil du grand Jean-Pierre Melville, ancien Français libre, a capté ces secondes d'éternité dans *L'Armée des ombres*. A ce moment-là, la France, la liberté et la République sont dans ce regard droit, vigilant et admiratif dirigé vers une incarnation invisible. C'est la seule scène que Melville ait rajoutée au récit de Joseph Kessel, publié à Alger en 1943 chez Edmond Charlot, le premier éditeur de Camus, car sinon le film est d'une fidélité absolue à ce livre clair comme une épure, suggéré par de Gaulle pour faire connaître la Résistance ordinaire et héroïque. Le personnage de Luc Jardie rassemble Jean Moulin et Jean Cavaillès, l'auteur de *Transfini et continu* et de *Remarques sur la formation de la théorie abstraite des ensembles*, ouvrages que l'on voit Lino Ventura lire dans une édition Gallimard qui n'a d'ailleurs jamais existé. Au 34 avenue de l'Observatoire, à Paris, il y a cette plaque qui, depuis l'adolescence, pour toujours me poursuivra : « *Ici fut arrêté Jean Cavaillès, Professeur à la Sorbonne, Héros de la Résistance, fusillé par les Allemands au début de 1944.* » J'ai toujours sous les yeux la sauvagerie de la scène, que m'avait racontée un jour un témoin.

VI

On peut entrer à reculons dans *Le Fil de l'épée*, pensant trouver un exercice de style un peu pesant, écrit par un officier de plume un peu trop appliqué, qui témoignerait d'une époque forclose. Et on découvre un écrivain. On croit avoir affaire à un livre de doctrine militaire, alors qu'entre ses lignes sourd constamment la politique dans tous ses états, qu'il s'agisse de l'analyse spectrale de la société ou du bréviaire pour mener efficacement les hommes, par le mystère et par les songes. On peut imaginer une œuvre désincarnée et hiératique. Et c'est tout au contraire une œuvre animée par son auteur, habitée par lui, dont la référence ultime est l'artiste, car il sait que la transfiguration mène le monde. Bien sûr, certains thèmes sont datés, comme la méticuleuse analyse des relations entre le politique et le soldat, qui ne sont rien l'un sans l'autre : « Quelle politique réussit quand les armes succombent ? Quelle stratégie est valable quand les moyens lui font défaut ? » La définition du politique est évidemment le reflet du parlementarisme impuissant de ces années-là : « Ainsi, grand ou petit, personnage historique ou politicien sans relief, il va et vient de l'autorité à l'impuissance, du prestige à l'ingratitude publique. Toute sa vie, toute son œuvre ont un caractère instable, agité, tumultueux, qui les oppose à celles du soldat. [...] Le politique gagne le but par les couverts ; le soldat y court tout droit. » Malgré la stabilité institutionnelle que le Général a instaurée avec la constitution de la Cinquième République, l'exercice du pouvoir reste marqué à ses yeux par ce caractère précaire, temporaire et révocable, même si ce sont désormais les médias et l'opinion, plutôt que le régime d'assemblée comme naguère, qui à défaut de faire ne se privent pas d'empêcher. Le changement fondamental par rapport à l'époque où Charles de Gaulle écrit est que la dialectique entre le pouvoir politique et le pouvoir militaire n'est définitivement plus de saison. C'est sans doute la conséquence logique de l'évolution de la société, dans laquelle le fait militaire n'aura plus jamais la même importance, malgré l'erreur de parallaxe que purent induire, pour un temps, les guerres coloniales. Mais on retiendra surtout qu'en avril 1961, un général de brigade à titre temporaire, président de la République, qui avait ce jour-là revêtu l'uniforme, cassa définitivement le pouvoir militaire en France. En utilisant les pires mots qui soient, ceux de la dérision, en évoquant le « *pronunciamiento* militaire » ainsi que « le quarteron de généraux en retraite ». Quelques mois plus tard, à Strasbourg, le 23 novembre, par un froid glacial, surplombant une marée de képis, il signera la version finale du dernier chapitre du *Fil de l'épée*. « Certes, on peut s'expliquer – et moi-même tout le premier – que, dans l'esprit et le cœur de certains soldats, se soient fait jour d'autres souhaits et même l'illusion qu'à force de le vouloir on pourrait faire en sorte, dans le domaine ethnique et psychologique, que les choses soient ce que l'on désire et le contraire de ce qu'elles sont. Mais, dès lors que l'Etat et la nation ont choisi leur chemin, le devoir militaire est fixé une fois pour toutes. Hors de ses règles, il n'y a, il ne peut y avoir, que des soldats perdus. »

Rarement petit livre aura été autant marqué par le destin qu'il annonce. Il ne peut être lu sans le regard des événements qui lui donnent ce singulier relief. Tout était là, prêt à servir, un jour peut-être, ou bien jamais. *Le Fil de l'épée* est un secret de conduite, tel que l'a saisi au vol Guy Dupré dans un ton qui peint l'inexprimable : « Dans le bleu des soirs d'Île-de-

France, pareil au bleu de Prusse des matins d'exécution, je chercherai longtemps encore le secret de conduite qui permet de lier la douceur sans quoi la vie est peu de chose à l'honneur sans quoi la vie n'est rien. » Mais il n'était pas écrit que ce secret serait partagé par tous ceux qui n'ont jamais désespéré de la France ni de son épée, partis de rien, venus de partout, alors que se dérobait l'élite à laquelle Charles de Gaulle s'adressait. Ce sont eux, ces sans-grade, mobilisés sous le fil invisible de l'épée, que Malraux psalmodiera, bien plus tard, reliant dans une chaîne indestructible le songe invincible, déclamé naguère par un capitaine inconnu dans une salle glaciale de l'Ecole militaire.

« Le dernier cercueil du mont Valérien ne sera pas non plus un cercueil solitaire. On ne le fermera pas seulement sur le dernier Compagnon : on le fermera aussi sur le dernier combattant de la 1re division française libre ou de la 2e division blindée, sur le dernier pêcheur breton qui amena des Français clandestins en Angleterre, sur le dernier cheminot qui paralysa provisoirement les V2, sur les derniers maquisards grâce à qui les panzers d'Aquitaine n'arrivèrent pas à temps en Normandie, sur la dernière couturière morte dans un camp d'extermination pour avoir pris chez elle un de nos postes émetteurs. Comme les gisants de la chevalerie morte écoutaient crépiter le bûcher de Rouen, tous ceux qui se sont réfugiés dans l'âme de la France écouteront le marteau sur les clous funèbres. Des archers d'Agnadel aux clochards d'Arcole, de la Garde impériale jusqu'aux trois cent mille morts du Chemin des Dames, des cavaliers de Reims et de Patay aux francs-tireurs de 70, montera le silence séculaire de l'acharnement. Avec la phosphorescence des yeux des morts, ceux qu'on ne verra plus jamais veilleront notre dernier Compagnon – non pour son courage, mais parce que l'ouvrier qui clouera le cercueil, le clouera sur la confuse multitude de tous les morts qui auront tenté de soutenir à bout de bras les agonies successives de la France.

« Alors, la croix de Lorraine de Colombey, l'avion écrasé de Leclerc, la grand-mère corse qui cachait tranquillement le revolver de Maillot dans la poche de son tablier, le dernier cheminot fusillé comme otage, la dernière dactylo morte à Ravensbrück pour avoir donné asile à l'un des nôtres confondront leur ombre avec celle de notre dernier Compagnon. Et avant que l'éternelle histoire se mêle à l'éternel oubli, l'ombre étroite qui s'allongera lentement sur la France aura encore la forme d'une épée. »

*

Bien sûr, le monde contenu dans ces pages d'une facture classique et superbe apparaîtra tellement, et définitivement, éloigné du nôtre que ces quelques chapitres aboutés dans cet orgueilleux manifeste sembleront forclos. Ni le soldat ni le politique ne sont plus vraiment ce qu'ils furent. Mais la France ? Ultime, touchante et dérisoire pavane, tendue par une ambition et un panache inutiles ? Que peut bien valoir le prestige, quand tout est dégradé, y compris l'estime de soi ? Quel mystère peut bien survivre à la dictature de la transparence ? Quelle action demeure possible quand tout se conjugue pour l'empêcher ? Que peut le caractère dans ces sables mouvants auxquels s'apparentent désormais nos pays, bien près de devenir les faubourgs d'une histoire qui se fait sans eux, que l'on regarde vers l'est ou le sud ?

Néanmoins, nombreux sont aujourd'hui les Français qui attendent confusément qu'on élève leur ligne d'horizon, plutôt que l'abaisser sans cesse. Que renaisse une parole qui ne soit pas le masque de l'enflure, mais la première marque de l'agir. Qu'une véritable ambition les tire des complaisantes dépressions et de l'enlisement de nos pauvres vies, bientôt totalement exhibées par l'ivresse numérique. Il faut un secret de conduite. Toujours. Et celui que nous enseigne *Le Fil de l'épée* est qu'il ne faut jamais renoncer à rien. Qu'il ne faut pas se laisser impressionner par la dictature du conformisme, du moment, de l'événement. Et que c'est toujours la liberté grande de pensée, de jugement, et d'action, qui permet à l'homme de s'épanouir. En servant un dessein qui le construit et le dépasse.

Hervé GAYMARD

LE FIL DE L'ÉPÉE

Avant-propos

> « Etre grand, c'est soutenir une grande querelle. »
>
> HAMLET

L'incertitude marque notre époque. Tant de démentis aux conventions, prévisions, doctrines, tant d'épreuves, de pertes, de déceptions, tant d'éclats aussi, de chocs, de surprises ont ébranlé l'ordre établi. Les armes, qui viennent de changer le monde, ne laissent pas d'en souffrir d'abord et pleurent leurs ardeurs perdues.

Cette mélancolie du corps militaire hors des périodes de grands efforts n'a rien, sans doute, que de classique. Il y a, dans le contraste entre l'activité fictive de l'armée du temps de paix et sa puissance latente, quelque chose de décevant que les intéressés ne ressentent point sans douleur : « Tant de forces inemployées..., dit Psichari, tant de destination et tant de stérilité ! » A plus forte raison, un pareil chagrin imprègne-t-il l'âme des soldats dans les années qui suivent les batailles. A se détendre brusquement, il semble que le ressort se brise, non sans rendre, parfois, ce son sourd et profond de plainte dont nous ont bercés Vauvenargues et Vigny.

Tout, d'ailleurs, dans l'ambiance du temps paraît se combiner pour troubler la conscience des professionnels. Après avoir subi les cruautés de la force, les masses réagissent avec passion. Une sorte de mystique s'est partout répandue qui, non seulement tend à maudire la guerre, mais incline à la croire périmée, tant on voudrait qu'elle le fût. Ferveur qui ne va pas sans exorcismes : pour conjurer le mauvais génie, un grand tumulte d'imprécations retentit à travers le monde ; pour inspirer l'horreur du péché, mille peintures s'appliquent à représenter ses ravages en cachant ce qui s'y trouve d'efficace et de grandiose. Des combats, on ne veut évoquer que le sang, les larmes, les tombeaux, non plus la gloire avec quoi les peuples consolaient leurs douleurs. Il n'est point jusqu'à l'Histoire, dont certains ne défigurent les traits, sous prétexte d'en effacer la guerre. L'ordre militaire est attaqué dans sa racine.

D'autant plus qu'un pareil mouvement, pour excessif qu'il paraisse, ne s'explique que trop bien. Par là se manifeste, en somme, l'instinct de conservation de l'Europe affaiblie et qui sent tous les risques d'un conflit nouveau. Le spectacle d'un malade qui tend le poing à la mort ne peut laisser personne insensible. D'ailleurs, comment établir cet ordre international, auquel aspirent les peuples provisoirement assagis, sans le secours d'une vaste émotion collective ? Or, on ne remue pas les foules autrement que par des sentiments élémentaires, de violentes images, de brutales invocations.

Mais quoi ? Sans désavouer aucune espérance, où voit-on que les passions et les intérêts d'où sortent les conflits armés taisent leurs exigences, que quelqu'un renonce de bon gré à ce qu'il a et à ce qu'il désire, que les hommes, enfin, cessent d'être des hommes ? Tient-on pour définitif l'équilibre d'aujourd'hui, tant que les petits veulent grandir, les forts dominer, les vieux subsister ? Comment stabiliser les frontières et la puissance si l'évolution continue ? Au reste, en supposant que les nations acceptent pour un temps de régler leurs rapports au moyen d'un code souverain, suffira-t-il de dire le droit, si l'on ne peut l'imposer ? « Les lois désarmées tombent dans le mépris », disait le cardinal de Retz. Les lois internationales ne vaudraient point sans troupes. Quelque direction que prenne le monde, il ne se passera pas des armes.

Sans la force, en effet, pourrait-on concevoir la vie ? Qu'on empêche de naître, qu'on stérilise les esprits, qu'on glace les âmes, qu'on endorme les besoins, alors, sans doute, la force disparaîtra d'un monde immobile. Sinon, rien ne fera qu'elle ne demeure indispensable. Recours de la pensée, instrument de l'action, condition du mouvement, il faut cette accoucheuse pour tirer au jour le progrès. Pavois des maîtres, rempart des trônes, bélier des révolutions, on lui doit tour à tour l'ordre et la liberté. Berceau des cités, sceptre des empires, fossoyeurs de décadences, la force fait la loi aux peuples et leur règle leur destin.

En vérité, l'esprit militaire, l'art des soldats, leurs vertus sont une partie intégrante du capital des humains. On les voit incorporés à toutes les phases de l'Histoire au point de leur servir d'expression. Car, enfin, pourrait-on comprendre la Grèce sans Salamine, Rome sans les légions, la Chrétienté sans l'épée, l'Islam sans le cimeterre, la Révolution sans Valmy, le Pacte des Nations sans la victoire de France ? Et puis, cette abnégation des individus au profit de l'ensemble, cette souffrance glorifiée – dont on fait les troupes – répondent par excellence à nos concepts esthétiques et moraux : les plus hautes doctrines philosophiques et religieuses n'ont pas choisi d'autre idéal.

Si donc ceux qui manient la force française venaient à se décourager, il n'y aurait pas seulement péril pour la patrie mais bien rupture de l'harmonie générale. La puissance échappée à ces sages, quels fous s'en saisiraient ou quels furieux ? Il est temps que l'élite militaire reprenne conscience de son rôle prééminent, qu'elle se concentre sur son objet qui est tout simplement la guerre, qu'elle relève la tête et regarde vers les sommets. Pour rendre le fil à l'épée, il est temps qu'elle restaure la philosophie propre à son état. Elle y trouvera les vues supérieures, l'orgueil de sa destination, le rayonnement au-dehors, seul salaire – en attendant la gloire – qui puisse payer ceux qui comptent.

De l'action de guerre

> « Au commencement était le Verbe ?
> Non ! Au commencement était l'Action. »
>
> FAUST

I

L'action de guerre revêt essentiellement le caractère de la contingence. Le résultat qu'elle poursuit est relatif à l'ennemi, variable par excellence : l'ennemi peut se présenter d'une infinité de manières ; il dispose de moyens dont on ignore la force exacte ; ses intentions sont susceptibles de suivre bien des voies. D'ailleurs, le terrain n'est jamais constant ; les événements portent l'action dans telle région, puis dans telle autre ; encore le terrain, tel qu'il est, offre-t-il les conditions les plus diverses, suivant la direction, la vitesse, la façon dont on s'y engage. Les moyens que l'on commande n'ont aucune valeur absolue : le rendement du matériel, la force morale des troupes varient dans d'énormes limites suivant l'occasion. Les circonstances atmosphériques exercent leur influence inconstante. Ceux qui combattent se trouvent donc perpétuellement en face d'une situation nouvelle et, en partie au moins, imprévue. A la guerre comme à la vie, on pourrait appliquer le « Πάντα ρεί[*1] » du philosophe grec ; ce qui eut lieu n'aura plus lieu, jamais, et l'action, quelle qu'elle soit, aurait fort bien pu ne pas être ou être autrement.

Ce caractère de contingence, propre à l'action de guerre, fait la difficulté et la grandeur de la conception. Sous une apparence de sommaire simplicité, elle offre à l'esprit humain le plus ardu des problèmes, car, pour le résoudre, il lui faut sortir des voies ordinaires, forcer sa propre nature. C'est qu'en effet l'intelligence, dont la nature est de saisir et de considérer le constant, le fixe, le défini, fuit le mobile, l'instable, le divers. Bergson nous peint, en même temps qu'il l'analyse, le malaise de l'intelligence lorsqu'elle prend contact avec la réalité mouvante : « Nous sentons bien qu'aucune des catégories de notre pensée ne s'applique exactement aux choses de la vie. En vain, nous poussons le vivant dans tel ou tel de nos cadres ; tous les cadres craquent ; ils sont trop étroits, trop rigides surtout pour ce que nous voudrions y mettre. Notre raisonnement, si sûr de lui quand il circule à travers les choses inertes, se sent mal à l'aise sur ce nouveau terrain. »

Aussi l'action de guerre offre-t-elle à l'esprit humain une sorte d'obscurité que l'intelligence ne

---

* Toutes les notes sont de l'éditeur.

1. « Tout s'écoule. » Aphorisme attribué à Héraclite d'Ephèse (ve siècle av. J.-C.).

suffit point à percer. C'est en vain qu'elle cherche à soumettre le problème à ses procédés ordinaires d'examen et de jugement. Toujours, quelque éclat la surprend, quelque élément lui échappe, quelque événement la déçoit. Sa clarté porte peu de lumière sur ces causes innombrables et confuses. Sa logique n'a guère de prise sur ces effets entrelacés. Le torrent mobile et trouble des circonstances échappe à ses réseaux comme l'eau traverse le filet.

Mais, si l'intelligence ne suffit point à l'action, il va de soi qu'elle y prend part. Elaborant d'avance les données de la conception, elle les éclaire, les précise et réduit le champ de l'erreur. L'ennemi, certes, est contingent, variable. Aucune étude, aucun raisonnement ne peuvent révéler avec certitude ce qu'il est, ce qu'il sera, ce qu'il fait et ce qu'il va faire. Mais le renseignement, intelligemment recherché, ingénieusement exploité, limite le problème où l'hypothèse ouvre des chemins. Ainsi le jugement possède, en quelque mesure, cette matière solide et déterminée qui lui est nécessaire. A Cannes, quand Annibal se présente aux Romains, il en sait long sur leur compte. Il connaît leur manière ordinaire de combattre. Il a appris que leur armée s'est formée en ordre très serré et en trois échelons, que leur force réside dans leur ordonnance et que rompre celle-ci, c'est briser celle-là. Sa manœuvre va donc provoquer les Romains à bouleverser leur formation. Quand le commandement français prescrit la contre-offensive du 18 juillet 1918, à l'est de Villers-Cotterêts, le dispositif, les moyens, les positions, l'état moral des Allemands lui sont connus ; il peut calculer ce qu'il lui faut engager de troupes et de matériel pour s'assurer la supériorité. Certes, les renseignements ne suffisent point à dicter les manœuvres de Cannes ou de Villers-Cotterêts, mais, dans l'esprit de ceux qui les décident, ils éliminent bien des variables.

D'ailleurs, puisque la nature du terrain, son étendue, ses formes sont en rapport étroit avec la facilité des mouvements, la vigueur des chocs, l'efficacité des feux, il est bien évident que la connaissance raisonnée du terrain aide la conception. Napoléon, étudiant son champ de bataille d'Austerlitz, voit que la possession du plateau de Pratzen lui donnera la clef de la position adverse. Schlieffen[2] discerne, après tant d'autres, que les plaines du Hainaut et de Flandre, de parcours facile, dépourvues d'obstacles naturels, riches en routes et en voies ferrées, constituent, pour de grandes masses qui visent le cœur de la France, le terrain type de l'invasion.

En outre, s'il est vrai que la valeur des moyens dépende d'une conjonction incalculable de circonstances, l'intelligence introduit d'avance quelque fixité dans tant d'incertitudes. Et, tout d'abord, par l'organisation, elle place dans un cadre solide la fluidité de l'ensemble. L'unité, répartie en fractions constituées et dont chacune dispose de moyens déterminés, s'articule d'après un ordre défini et présente au raisonnement des figures et des nombres. Carnot impose aux masses révolutionnaires une organisation qui les rend maniables, en les formant en divisions autonomes, homogènes, interchangeables. Il accroît,

2. Alfred von Schlieffen (1833-1913), chef d'état-major de l'armée allemande de 1891 à 1906, mit au point le plan d'invasion de la Belgique et de la France qui porta son nom et fut appliqué en août 1914.

de la sorte, d'une manière positive, la souplesse de l'ensemble. Il permet d'étendre les intervalles, les distances et, par suite, le rayon des manœuvres. Il limite, en les répartissant, les chances d'erreurs collectives de ces foules peu exercées. Il donne aux jeunes généraux de la République des éléments de calcul simples et relativement fixes pour leurs combinaisons. Au cours de la Grande Guerre, la réserve générale d'artillerie constituée met aux mains du commandement le moyen de doter l'effort entrepris d'un coefficient de feu presque mathématique et augmente le rendement de l'artillerie par une spécialisation accentuée.

Enfin, comment dénier au savoir du chef une valeur positive ? Chacun des éléments qu'il commande a des propriétés particulières, des limites et des besoins qui se chiffrent et se mesurent. Mieux le chef les connaît, plus il a de chances d'adapter leur emploi aux circonstances, de leur demander tout ce qu'ils peuvent donner, mais non l'impossible, et de les pourvoir du nécessaire. Quelle large part prenait dans les plans de Napoléon sa connaissance extraordinaire de son armée ! Il portait continuellement dans l'esprit la mesure des quantités et des qualités de chaque élément et, s'il prévoyait aussi justement, c'est, d'abord, qu'il savait beaucoup. Que d'évaluations entraient, pendant la Grande Guerre, dans le moindre plan d'opérations !

Ainsi donc, appliquant aux diverses catégories de variables : l'ennemi, le terrain, les moyens..., ses facultés ordinaires d'imagination, de raisonnement, de jugement, de mémoire même, recourant aux procédés d'examen qui lui sont propres : déduction, induction, hypothèse..., l'intelligence embrasse ces variables, les étudie, les met en ordre. Bref, dans l'esprit de l'homme qui doit agir, elle prépare la conception, mais elle ne l'enfante pas.

Bergson encore a montré comment, pour prendre avec les réalités un contact direct, il faut que l'esprit humain en acquière l'intuition en combinant l'instinct avec l'intelligence. Si l'intelligence nous procure la connaissance théorique, générale, abstraite de ce qui est, c'est l'instinct qui nous en fournit le sentiment pratique, particulier, concret. Sans le concours de celle-là point d'enchaînements logiques ni de jugements éclairés. Mais sans l'effort de celui-ci point de perception profonde ni d'impulsion créatrice. L'instinct est, en effet, dans notre moi, la faculté qui nous lie de plus près à la nature. Grâce à lui, nous plongeons au plus profond de l'ordre des choses. Nous participons à ce qu'il peut s'y trouver d'obscure harmonie. C'est par l'instinct que l'homme perçoit la réalité des conditions qui l'entourent et qu'il éprouve l'impulsion correspondante. Il se passe, pour le chef de guerre, en matière de conception, un phénomène analogue à celui dont l'artiste est le sujet. Celui-ci ne laisse pas d'user de l'intelligence. Il en tire des leçons, des procédés, un savoir. Mais la création même ne lui est possible que par l'effort d'une faculté instinctive, l'inspiration, et qui, seule, donne le contact direct avec la nature d'où l'étincelle va jaillir. On peut dire de l'art militaire ce que Bacon disait des autres : « C'est l'homme ajouté à la nature. »

Le rôle capital de l'instinct dans la conception s'exprime, d'ailleurs, par le langage courant. Qu'un politique, un soldat, un homme d'affaires conçoive comme il faut, c'est-à-dire d'accord avec ce qui est, on proclame qu'il a le sens « des réalités », ou le « don », ou « du coup d'œil », ou « du flair ». Rien ne peut, dans l'action, remplacer cet effort de la nature même. C'est par là que des hommes dont l'intelligence se remarque peu, qui n'excellent pas aux spéculations, qui ne brillent ni dans les travaux de cabinet ni dans les discussions théoriques, se transforment en maîtres sur les champs de bataille. Tel Turenne, dont nous savons « qu'il apprenait avec difficulté, que son esprit semblait aux études lent et tardif ». Tel Masséna, dont la conversation, suivant Napoléon, « était sans intérêt », dont on se demandait, parfois, « s'il avait un esprit », mais qui se « transformait au combat au point qu'il y montrait des dons militaires devant lesquels il eût fallu s'agenouiller ». Combien furent nombreux les chefs, théoriciens brillants, que l'action de guerre prenait en défaut et combien ceux que l'épreuve révéla parce qu'ils y montraient une aptitude instinctive que le temps de paix n'avait pas manifestée ?

Les grands hommes de guerre ont toujours eu, d'ailleurs, conscience du rôle et de la valeur de l'instinct. Ce qu'Alexandre appelle « son espérance », César « sa fortune », Napoléon « son étoile », n'est-ce pas simplement la certitude qu'un don particulier les met, avec les réalités, en rapport assez étroit pour les dominer toujours ? Souvent, d'ailleurs, pour ceux qui en sont fortement doués, cette faculté transparaît au travers de leur personne. Sans que leurs paroles ni leurs gestes aient rien, en soi, d'exceptionnel, leurs semblables éprouvent à leur contact l'impression d'une force naturelle qui doit commander aux événements.

Cette impression, Flaubert l'exprime quand il nous peint Annibal adolescent[3], revêtu déjà, « de l'indéfinissable splendeur de ceux qui sont destinés aux grandes entreprises ».

Cependant, si les suggestions de l'instinct sont nécessaires à la conception, elles ne sauraient suffire à lui donner une forme précise. Par nature même, elles sont tout d'une pièce, brutes, parfois confuses. Or le chef commande une unité, c'est-à-dire un système de forces complexes qui a ses propriétés et ses servitudes et qui ne peut développer sa puissance que suivant un certain ordre. C'est ici que l'intelligence reprend tous ses droits. S'emparant des données de l'instinct, elle les élabore, leur attribue une forme déterminée, et fait un tout défini et cohérent. Ce tout, la méthode le rend ensuite applicable, en rangeant les valeurs par ordre d'importance, en répartissant l'exécution dans le temps et dans l'espace, en liant les unes aux autres les diverses opérations et les différentes phases, de telle manière qu'elles soient concurrentes. Juste ou fausse, il faut qu'elle existe, car, sans elle, l'action demeure noyée dans la confusion. C'est dans ce sens qu'on peut dire qu'il vaut mieux avoir une méthode mauvaise plutôt que de n'en avoir aucune.

Encore, pour s'attacher à l'essentiel et rejeter l'accessoire, décomposer l'action en plusieurs actes, répartir la tâche entre tous de façon que chacun concoure au but commun, faut-il au chef la capacité d'embrasser les ensembles, d'attribuer aux objets l'importance relative qu'ils méritent, de discerner les

---

3. Dans *Salammbô*.

enchaînements et les limites. Or, cette aptitude à la synthèse ne va pas sans une puissante capacité de réflexion, car on ne peut distinguer les grandes lignes des détails ni comparer les valeurs sans y rassembler tout l'effort de la pensée, de même qu'au stéréoscope on n'aperçoit pas le relief d'une image sans y concentrer la vue. C'est pourquoi tous les grands hommes d'action furent des méditatifs. Tous possédaient, au plus haut degré, la faculté de se replier sur eux-mêmes, de délibérer au-dedans. Tous auraient pu dire, comme Napoléon : « L'homme de guerre doit être capable de considérer fortement et longtemps les mêmes objets sans en être fatigué. »

Ainsi la conception exige, pour être valable, c'est-à-dire adaptée aux circonstances, l'effort combiné de l'intelligence et de l'instinct. Mais, dans la critique de l'action de guerre, l'esprit humain a rarement admis que chacune de ces deux facultés eût à jouer un rôle nécessaire sans pouvoir se passer de l'autre. Bien souvent, il a prétendu rompre arbitrairement l'équilibre et confier à l'une seulement toute la charge de concevoir.

Parfois, même, reconnaissant l'inaptitude de l'intelligence à résoudre seule tout le problème, certains esprits concluent que l'événement de guerre échappe, en fait, à l'empire des hommes puisque leur faculté la plus élevée ne suffit point à l'action. « C'est donc, disent-ils, que le hasard décide des batailles. Que vient-on parler d'art de la guerre ? » Philosophes et écrivains font, volontiers, état d'un pareil scepticisme et cette tendance est bien explicable : les esprits qui consacrent à la spéculation une activité exclusive perdent le sentiment des nécessités de l'action. Examinant celle-ci avec les seules lumières qui leur soient familières, celles de la pure intelligence, ils transforment en dédain leur impuissance à la pénétrer.

Ainsi Socrate, discutant avec Nichomachidès[4] qui se plaint que l'assemblée du peuple ait élu stratège un citoyen malhonnête et incapable, démontre que la chose n'a point d'importance et qu'il en serait tout juste de même si l'on avait élu quelque chef habile et consciencieux. Il est vrai que le même Socrate, interrogé par Périclès sur les causes de l'indiscipline des troupes athéniennes, en rend responsables leurs chefs, incapables de les commander.

Ainsi Tolstoï, dans *La Guerre et la Paix*, nous décrit Bagration à Hollabrunn[5], s'abandonnant aux événements qu'il pense ne pouvoir modifier et « tâchant seulement de donner à tout ce qui se fait par hasard ou nécessité l'apparence d'actes accomplis suivant ses ordres ou ses intentions ».

Ainsi, Anatole France prête cette opinion à Jérôme Coignard : « Quand deux armées sont en présence, il faut que l'une d'elles soit vaincue ; d'où il suit que l'autre sera nécessairement victorieuse, sans que le chef qui la commande ait toutes les parties d'un grand capitaine et sans même qu'il n'en ait aucune. Comment, conclut l'abbé philosophe, démêler dans ces rencontres ce qui est l'effet de l'art et ce qui vient de la fortune[6] ? »

---

4. Xénophon, *Les Mémorables*, livre III, chapitre 4.
5. Bataille du 16 novembre 1805 qui opposa en Autriche les troupes russes commandées par Pierre de Bagration aux corps de Murat et de Soult. Elle fit partie des courts engagements qui précédèrent Austerlitz.
6. Dans *Les Opinions de M. Jérôme Coignard*, publié en 1893.

Et l'on nous a peint le roi Ubu remportant la victoire pour n'avoir pris aucune disposition. Il est vrai que, parfois, les militaires, s'exagérant l'impuissance relative de l'intelligence, négligent de s'en servir. La tendance au moindre effort trouve là son compte. On vit des armées s'éloigner du labeur intellectuel, voire même le dédaigner par principe. Tout grand effort victorieux est suivi, d'ordinaire, d'une pareille dépression des esprits. L'armée prussienne, après Frédéric[7], nous offre un exemple de ce genre. En d'autres cas, les soldats, constatant par la pratique l'insuffisance du savoir, s'en remettent à la seule inspiration ou au gré du destin. L'armée française du Second Empire manifestait un tel état d'esprit : « On se débrouillera ! » disait-elle.

Souvent, par contre, l'intelligence n'accepte pas de faire à l'instinct sa part. Dominatrice absolue de la spéculation, elle refuse de partager l'empire de l'action et prétend s'imposer seule. C'est alors que, méconnaissant le caractère de l'action de guerre, l'intelligence tente de lui appliquer une législation fixe et, par là même, arbitraire. Travaillant dans le solide, elle veut déduire la conception de constantes connues à l'avance, alors qu'il faut, dans chaque cas particulier, l'induire de faits contingents et variables.

Une pareille tendance, il faut le noter, exerce une attraction singulière sur l'esprit français. Curieux et compréhensif, il a besoin de logique, aime enchaîner les faits par des raisonnements, se fie à la théorie

7. Frédéric II de Prusse dit Frédéric le Grand, roi de Prusse de 1740 à 1786, dont les nombreuses batailles sont des classiques de l'art militaire.

plus volontiers qu'à l'expérience. Ces dispositions naturelles, accusées par ce que l'ordre militaire a, nécessairement, d'impérieux et renforcées par le dogmatisme inhérent à l'enseignement, font fleurir, chez nous plus qu'ailleurs, les « doctrines d'écoles », que leur caractère spéculatif et absolu rend à la fois séduisantes et périlleuses et qui nous ont coûté si cher.

II

Voilà la conception formée ! Jusqu'à ce point l'effort est purement statique ; il ne dépasse pas l'esprit de celui qui l'accomplit. Il faut, à présent, que le chef le tire hors de lui-même, qu'il le manifeste et qu'il l'impose.

On demandait au maréchal Pétain ce qui lui paraissait, dans l'action, réclamer le plus grand effort : « C'est d'ordonner ! », répondit-il. En effet, l'intervention de la volonté humaine dans l'enchaînement des événements a quelque chose d'irrévocable. Utile ou non, opportune ou malheureuse, elle entraîne des conséquences indéfinies. Le sentiment seul de cette audace est un grave élément d'intimidation. Beaucoup d'hommes ne le surmontent pas aisément dans la vie courante et la masse de ceux qui subissent est innombrable par rapport aux entreprenants. Combien plus pénible est la décision à la guerre, alors qu'elle traîne après elle le sort de tant de pauvres vies et qu'en haut comme en bas on ne la jugera que sur ses effets ! La responsabilité y prend un tel poids que peu d'hommes sont capables de la supporter tout entière. C'est pourquoi les plus hautes qualités de l'esprit n'y suffisent point. Sans doute l'intelligence y aide, sans doute l'instinct y pousse, mais, en dernier ressort, la décision est d'ordre moral.

Il est vrai que l'action de guerre est un tout dont chaque échelon ne prend qu'une part. Encore est-il soutenu par les ordres venus d'en haut qui l'orientent et le déterminent. Mais, si complets et précis que soient les ordres, en admettant qu'ils se trouvent donnés et parviennent en temps opportun, ils ne peuvent ni ne doivent tout prescrire. Quand le chef s'est vu fixer la direction, parfois le temps et le lieu de son effort et quand il l'a conçu, il lui reste à le prescrire. Acte moral d'autant plus malaisé qu'il se trouve dans une sorte de contradiction apparente avec la discipline, contradiction souvent aggravée par le tempérament impérieux d'un supérieur qui bride les initiatives et ne laisse aux subordonnés que l'exécution stricte. C'est pourquoi le chef impuissant à décider trouve aisément dans une conception abusive de l'obéissance des sophismes ayant figure d'arguments et qui lui paraissent justifier son abstention. Sous prétexte de ne pas contrarier les intentions d'en haut mais, au fond, pour se couvrir vis-à-vis des autres et à ses propres yeux, il s'applique à ne rien prescrire qui ne lui soit prescrit, soit par l'autorité supérieure, soit, au moins, par le règlement. Et comme celle-là ne peut fixer tous les détails et que celui-ci ne prévoit pas tous les cas d'espèce, il en résulte une lourdeur, une incapacité de saisir l'occasion et de s'adapter aux circonstances qui paralysent l'unité.

Aux échelons les plus élevés du commandement, où les ordres reçus sont nécessairement très larges, où les textes réglementaires ne fournissent plus que des indications générales, une telle faiblesse de décision tourne à l'infirmité et prend la forme de l'inertie. On voit, à Magenta, Napoléon III, établi de sa personne près du pont de San Martino, demeurer toute la journée muet et inactif, assister, sans intervenir, à la lutte inégale que soutient la Garde, apprendre, sans réagir, le désordre qui mêle les corps Canrobert et Niel, constater, sans chercher à y parer, le retard de Mac-Mahon[8]. On voit, le 16 août 1870, à Rezonville[9], le maréchal Canrobert, ayant engagé vers le bois de Tronville les unités qu'il a sous la main, discernant fort bien que la décision pourrait être obtenue à sa droite si l'on y portait quelque effort, mais en se gardant de le faire parce qu'on ne le lui a pas dit, bornant son action à observer le combat sans chercher à le diriger, fumant cigare après cigare à son poste de commandement de la Voie Romaine et recevant les obus avec philosophie.

Parfois, le chef, inapte à se décider, se donne par l'agitation l'apparence et l'illusion de l'activité et,

---

8. Le maréchal François Certain de Canrobert (1809-1895) et le général Adolphe Niel (1802-1869) commandaient l'armée française pendant la campagne d'Italie d'avril à juillet 1859. L'intervention du général Patrice de Mac-Mahon (1808-1893) fut décisive dans la victoire française à Magenta et lui valut le bâton de maréchal, ainsi qu'à Niel, et le titre de duc de Magenta.

9. Le 16 août 1870, à Rezonville, en Moselle, l'armée prussienne livra à l'armée française une bataille aussi appelée bataille de Mars-la-Tour. Bien que les Français aient repoussé victorieusement l'assaut, le maréchal Bazaine (1811-1888), commandant en chef de l'armée du Rhin, donna l'ordre de repli sur Metz qui fut fatal.

s'attachant à quelques détails, consume en interventions accessoires et désordonnées son désir d'influer quand même sur les événements. A Rezonville encore, le maréchal Bazaine ne prend, de toute la journée, aucune disposition d'ensemble, n'assigne pas de mission précise à ses corps d'armée qui débouchent successivement sur le champ de bataille, mais parcourt sans cesse le terrain et, dédaigneux du danger, s'occupe ici de conduire un bataillon, là de placer une batterie.

Dans certains cas, beaucoup plus rares d'ailleurs, et pour cause, on a vu l'initiative s'hypertrophier, au contraire, au point de violer la discipline et de briser la convergence des efforts. L'armée allemande des premiers jours de septembre 1914 en offre un exemple dans la personne du commandant de la Ire armée. Celui-ci envisage la situation tout autrement que le commandement en chef et n'exécute rien qui ne réponde pas à sa propre manière de voir. Le 2 septembre le général von Kluck[10] reçoit l'ordre de « marcher en échelon en arrière de la IIe armée – sa voisine de gauche –, et de couvrir à droite l'ensemble du dispositif ». Cependant, il continue de marcher en avant et de ne rien couvrir. Le 4 septembre, nouvel ordre « d'avoir à faire face à Paris – c'est-à-dire à l'ouest – en restant au nord de la Marne ». Von Kluck franchit la Marne et se porte vers le sud-est. La conséquence est la surprise de l'Ourcq[11] et la défaite. Mais cet

10. Alexander von Kluck (1846-1934) commandait en août et septembre 1914 la Ire armée allemande.

11. La bataille de l'Ourcq, à partir du 5 septembre 1914, constitue le déclenchement de la première bataille de la Marne.

excès funeste d'indépendance n'eût point été possible si, justement, le commandant en chef – en fait le général Moltke[12] – avait lui-même fait preuve d'un caractère énergique et d'une décision ferme, s'il ne s'était pas installé à Luxembourg, beaucoup trop loin pour exercer une action personnelle qu'il ne désirait pas ni ne jugeait utile, et s'il avait imposé sa volonté, au lieu de supporter la contradiction. En dernier ressort, les exagérations d'initiative ont pour cause première l'absence ou la mollesse des décisions de l'échelon supérieur. L'esprit d'entreprise chez un chef n'est jamais un danger en soi.

D'ailleurs, il le lui faut pour entraîner les autres. C'est qu'en effet, les moyens à mettre en œuvre ne sont pas des mécanismes qui marchent quand on les remonte, mais « des hommes maniant des matériels ». Ces hommes craignent la mort, souffrent de la faim, de la soif, des insomnies, des intempéries. Les uns sont braves, les autres moins ; ceux-ci lents, ceux-là rapides ; certains confiants et dévoués, d'autres indociles ou jaloux. Bref, ils portent en eux mille causes de divergence. Pour qu'ils agissent d'accord, il ne suffit point que le chef ait conçu dans son propre esprit ce qu'il y a lieu de faire, ni même qu'il le prescrive ; il doit avoir prise sur les âmes ; il lui faut l'autorité.

Cet apanage nécessaire contient, il est vrai, un élément permanent, établi par l'expérience humaine en dehors de celui qui commande : la discipline. La force des choses, la loi et l'habitude l'ont imposée

12. Helmuth Johannes Ludwig von Moltke (1848-1916) fut le chef d'état-major de l'armée allemande de 1906 à septembre 1914.

aux guerriers, plus ou moins solide, suivant le tempérament des peuples, la contrainte des circonstances et l'esprit du temps, mais, cependant, toujours effective du moment qu'existe l'armée. En vertu de la discipline, une sorte de contrat est passé entre le chef et les subordonnés. Il est entendu que l'obéissance est due par ceux-ci à celui-là et que chacun s'efforce de réaliser ce qui lui est hiérarchiquement prescrit. Par là se trouve instituée une bonne volonté élémentaire qui garantit un minimum de cohésion. Mais il ne suffit pas au chef de lier les exécutants par une obéissance impersonnelle. C'est dans leurs âmes qu'il lui faut imprimer sa marque vivante. Frapper les volontés, s'en saisir, les animer à se tourner d'elles-mêmes vers le but qu'il s'est assigné, grandir et multiplier les effets de la discipline par une suggestion morale qui dépasse le raisonnement, cristalliser autour de soi tout ce qu'il y a dans les âmes de foi, d'espoir, de dévouement latents, telle est cette domination.

Ainsi l'intelligence, l'instinct, l'autorité du chef font de l'action de guerre ce qu'elle est. Mais que sont ces facultés, sinon la personnalité même, ses ressources, sa puissance ? Toutes choses égales d'ailleurs, tant elle vaut, tant vaut l'action. La préparation à la guerre est donc, avant tout, celle des chefs, et l'on peut dire, littéralement, qu'aux armées comme aux peuples pourvus de chefs excellents tout le reste sera donné par surcroît.

Cette sélection, que tout le monde approuve en principe, se heurte, dans l'application, à des difficultés nombreuses. On se bat rarement et, sauf pendant certaines périodes troublées – telles que la Révolution –, où la hiérarchie bouleversée, le caractère de la lutte changé radicalement, la volonté générale de renouveau permirent d'improviser un commandement, on fait la guerre avec des chefs recrutés et formés en temps de paix. Il faut convenir que cette dernière condition favorise mal la sélection des personnalités.

Tout d'abord, le recrutement des chefs de valeur devient malaisé quand la paix se prolonge. Le profond ressort de l'activité des meilleurs et des forts est le désir d'acquérir la puissance. Sans doute, aucune puissance n'égale celle du chef de guerre et, tant que la probabilité d'avoir à l'exercer quelque jour apparaît aux âmes vigoureuses, les peuples de traditions militaires parviennent à encadrer leurs troupes de chefs dignes de l'être. Mais, dans une génération qui ne croit plus avoir à combattre, bien peu d'hommes, parmi les meilleurs, s'en tiennent à la carrière des armes, d'autant qu'une époque pacifique n'accorde qu'une situation morale et matérielle restreinte aux soldats qu'elle juge peu utiles. Les volontés fortes, les esprits hardis, les caractères trempés se portent alors naturellement vers les voies qui mènent à la puissance et à la considération.

Après les traités de 1815, la France sentit qu'une longue période de paix européenne était probable. La plus brillante partie de sa jeunesse voulut s'illustrer dans la politique, l'éloquence, la spéculation, les arts ; et cette génération, qui donna des Thiers, des Lamennais, des Comte, des Pasteur, ne fournit, aux jours des grands périls de 1870, que des généraux de capacité médiocre. Après le désastre, la France eut la certitude qu'un jour on lui imposerait l'occasion de l'effacer et l'élite de sa jeunesse dota l'armée de la pléiade de grands chefs qui l'ont conduite à la victoire. Aujourd'hui, c'est vers les affaires que se tournent les ambitions, l'argent étant, pour le moment, le signe apparent de la puissance et les Français nourrissant volontiers la conviction que des lois et ententes internationales parviendront à empêcher la guerre.

En tout cas, une fois recrutés dans l'armée des hommes capables d'être des chefs, il s'agit de discerner leurs mérites et de faire en sorte que les meilleurs atteignent le sommet. Tâche épineuse et malaisée ! C'est qu'en effet, si le service du temps de paix permet, jusqu'à un certain point, de juger l'intelligence et même l'autorité de ceux qui commandent, il n'offre guère d'occasions de mesurer l'instinct guerrier. Sans doute, les manœuvres et exercices fournissent une utile matière au coup d'œil et à la décision. Mais cette matière est conventionnelle : elle s'alimente de théories plutôt que de faits – invérifiables dans de telles fictions –, il y manque la sanction principale, celle des événements et, le plus souvent, rien ne permet d'y distinguer l'aptitude réelle de l'habileté qui n'en est que l'apparence ; la capacité d'apprendre est, alors, appréciée plus que l'instinct créateur, l'art de saisir plus que celui d'aller au fond des choses, la plasticité d'esprit plus que la compréhension. Comme le dit Scharnhorst[13], « les esprits organisés mécaniquement triomphent, en temps de paix, de ceux qui ont du génie et du sentiment ».

D'ailleurs, les personnalités puissantes, organisées pour la lutte, l'épreuve, les grands événements, ne

13. Le général Gerhard Johann David Scharnhorst (1755-1813) opéra une réforme décisive de l'armée prussienne à partir de 1807.

présentent pas toujours ces avantages faciles, cette séduction de surface qui plaisent dans le cours de la vie ordinaire. Les caractères accusés sont, d'habitude, âpres, incommodes, voire farouches. Si la masse convient, tout bas, de leur supériorité et leur rend une obscure justice, il est rare qu'on les aime et, par suite, qu'on les favorise. Le choix qui administre les carrières se porte plus volontiers sur ce qui plaît que sur ce qui mérite.

Notre temps est peu propice à la formation et à la sélection des chefs militaires. L'excès des épreuves récemment endurées a pour conséquences une détente des volontés, une dépression des caractères, une lassitude morale qui détournent l'opinion de l'ordre guerrier et ne laissent pas de troubler jusqu'aux vocations les plus résolues. Qui donc, dans les rangs de l'armée, ne se dit souvent, comme autrefois cette femme illustre : « Pourquoi suis-je ici ? Je ne sais pas ! Déjà toute l'espérance du siècle est dévorée !... » Dans ces jours de doute, il ne faut pas que se rompe la chaîne de la force militaire française, ni que fléchissent la valeur et l'ardeur de ceux qui doivent commander.

Du caractère

« L'odeur du monde a changé. »

G. DUHAMEL

I

L'armée française sort d'une longue histoire. Pour elle, comme pour Hamlet, « le jour n'est pas si jeune ». Quelle qu'elle fût, cependant, on ne la vit puissante que par l'effet d'un idéal, sorti des sentiments dominants de l'époque et tirant de cette harmonie sa vertu et son rayonnement.

Vers le milieu du XVIIe siècle, le pouvoir royal, vainqueur de la diversité féodale, entraîne la société française dans un vaste mouvement d'unité. Le goût de la règle marque les mœurs, les lois, les arts, la pensée. Grâce à l'effort d'un grand ministre, il s'empare aussi de l'armée. Louvois, soit qu'il rende permanents les corps qui ne l'étaient point, soit qu'il impose l'uniforme, l'armement à l'ordonnance, les mouvements réglementés, soit qu'il force les chefs à la présence, codifie l'administration, la hiérarchie et l'avancement, soit qu'il organise les routes d'étapes et les quartiers, pourvoie aux ravitaillements, crée un système de fortifications, soit qu'il plie aux prescriptions d'un seul plan la stratégie des maréchaux, Louvois fait de la discipline le principal ressort de la force guerrière. Porté par l'esprit du temps, il rassemble les volontés divergentes par le lien d'une passion commune, celle de servir le Roi. De l'unité ainsi réalisée sort une éclatante grandeur militaire.

Le siècle suivant vit naître et grandir le flot d'idées et de sentiments qui devaient emporter nos institutions. Les principes anciens perdent leur puissance et les principes nouveaux n'ont pas encore triomphé. Transition longue et pénible, pendant laquelle la société française se trouve placée moralement comme en porte-à-faux.

L'armée éprouve les conséquences de ce déséquilibre. Déjà, la guerre de Succession d'Autriche marque des signes de désorganisation. La guerre de Sept Ans fait apparaître le mal au grand jour : intrigues dans le commandement, incurie et vénalité de l'administration, indiscipline de la troupe. La prépondérance militaire passe à la Prusse dont un grand roi donne pour ressorts à l'armée, aussi bien qu'à l'Etat, l'amour de l'ordre et le loyalisme.

L'armée de la Révolution, très disparate tout d'abord, constituée par les débris des anciens corps juxtaposés, puis mêlés aux volontaires et réquisitionnaires, est en proie, pendant de longs mois, à la même confusion morale qui bouleverse la France et que sanctionnent les revers de 1793. Mais bientôt, épurée par l'épreuve, l'armée a trouvé sa flamme, en même temps que sa tactique et son organisation. A partir de l'an II, on y est « patriote », c'est-à-dire qu'on mêle à l'amour de la patrie la volonté d'initiative, la confiance orgueilleuse et le désintéressement. Les manières aussi s'en ressentent. Ceux qui portent les armes de la République, Hoche aussi bien que Fricasse[1], s'appliquent à montrer une simplicité hautaine, une austérité un peu recherchée, un mépris assez ostentatoire des honneurs et des récompenses. Tel est le ton, notamment, aux armées du Rhin et de la Moselle. Affectation, peut-être, mais de bon aloi, et qui va bien avec la gloire.

Les institutions militaires qui répondent au caractère de la guerre : conscription, réquisition des matières, organisation divisionnaire, sont créées déjà quand le Premier Consul devient le maître de la France. Bonaparte n'aura qu'à en tirer tout le possible. Mais ces dispositions légales, qui lui donnent les effectifs, les moyens, l'articulation pour la manœuvre, ne lui suffisent point. Il veut qu'une même passion entraîne les combattants vers les mirages éclatants de la gloire. L'amour de la liberté n'a plus assez prise sur les Français de l'an VII et la discipline est précaire, mais le sentiment de la grandeur foisonne dans la nation. Il s'y joint le désir de s'élever, conséquence du bouleversement récent des classes et des conditions. C'est donc à l'honneur que le maître va recourir. Le pratique génie de l'Empereur excelle à exalter l'émulation de l'honneur. Il en nourrit la vigueur morale de la Grande Armée.

---

1. Le sergent Jacques Fricasse écrivit le *Journal de marche du sergent Fricasse de la 127e demi-brigade : 1792-1802*, publié en 1882.

Vingt-cinq années de déchirements et de guerres, dix régimes successifs, l'alternative de succès inouïs et de revers lamentables et, pour finir, deux invasions, la déroute militaire, la capitulation des gouvernants ont jeté la France de 1815 dans un abîme de détresse. De pareils événements laissent les esprits bouleversés et divisés. Aussi, l'armée ne trouve point, lorsqu'on la reconstruit, la vertu puissante et exclusive qui pourrait la rassembler. Il l'eût fallu, cependant, et plus que jamais, car l'épreuve trop prolongée et sa triste fin portaient à l'extrême dans les rangs l'amertume et le découragement. Il l'eût fallu pour lier ensemble les éléments, souvent opposés, dont on reformait les cadres : combattants des grandes guerres, chargés d'expérience mais hautains et moroses, émigrés anciens ou récents, désireux de bien faire mais gênés de leur personnage, jeunes hommes appelés aux armes par l'écho des grands souvenirs mais qui, le harnais revêtu, se voyaient engagés dans une carrière sans éclat. Il l'eût fallu pour adoucir le sort des hommes de troupe, gens du peuple enrôlés pour sept ou huit années par le hasard d'un mauvais numéro. Bref, il l'eût fallu pour animer d'une même loi cette armée désenchantée, consoler Coignet[2], raffermir Bugeaud et fixer Vigny[3]. Faute d'y être parvenue, l'armée française suivit, pen-

2. *Les Cahiers du capitaine Coignet* sont l'un des plus beaux récits des grognards de la Grande Armée. Après avoir fait toutes les campagnes du Consulat et de l'Empire, Jean-Roch Coignet (1776-1865) mena à partir de 1815 la vie amère des demi-solde.

3. Alfred de Vigny servit comme officier à partir de 1814 et mena treize ans d'une vie de garnison monotone qui déçut ses rêves de gloire militaire.

dant un demi-siècle, une route sans horizon. Certes, son dévouement ne fit point défaut. Les troupes qui conquirent l'Algérie, prirent Sébastopol, affranchirent l'Italie et, entre-temps, portèrent nos drapeaux en Espagne, en Morée, devant Anvers, à Ancône, en Syrie, au Mexique, en Chine, à Rome, ont prodigué de belles vertus guerrières. Mais il leur manqua cet élan suprême qui galvanise les efforts. En 1870, dans une guerre aux conditions imprévues, en face d'un adversaire soulevé par l'ardeur nationale, les chefs et les troupes ne surent opposer aux événements qu'une vigueur passive et une courageuse résignation.

Les malheurs de la patrie éclairèrent l'esprit public. La résolution de supporter tous les sacrifices pour éviter une nouvelle défaite domina, désormais, l'opinion. Le service militaire universel d'une durée de plusieurs années, d'incommodes périodes dans les réserves, des dépenses militaires et navales atteignant la moitié du total des budgets, de nombreuses servitudes pesant sur beaucoup de régions, de villes et sur la capitale même, tout fut supporté par le pays. Par harmonie avec cette abnégation, l'armée après 1870 eut comme trait dominant le culte de l'intérêt général. Servir pour servir, sans réclame ni spéculation, c'était le ton de l'époque. Des générations d'officiers acceptaient avec orgueil une vie pénible, de pauvres soldes, un avancement ridiculement lent. La moitié d'entre eux s'usaient trente-cinq ans aux besognes obscures des grades subalternes qu'ils ne dépassaient pas. A l'exemple des officiers, les sous-officiers s'accommodaient de leur sort, n'attendant que du métier la sanction de leur dévouement. Et la troupe prodiguait aux duretés monotones de l'instruction des trésors de bonne volonté, sans demander autre chose pour sa peine que le retour dans les foyers et le certificat de bonne conduite. Si, dans les premières années de ce siècle, certains signes marquaient un début de décadence, dans l'ensemble, l'âme de l'armée garda, entre les deux guerres, le trait principal du désintéressement. L'esprit de sacrifice qu'elle sut montrer pendant les grandes épreuves récentes en procédait directement.

Voici qu'une fois de plus l'armée française, sans relâche et non sans douleur, travaille à se recréer. La rénovation de ce grand corps répond, comme toujours, aux conditions du moment ; mais l'évolution des institutions, la refonte de l'outillage, la réforme même des intelligences n'auront point d'efficacité s'il ne se produit, en même temps, une renaissance morale. Aux soldats d'aujourd'hui, comme à ceux de naguère, il faut un culte qui les rassemble, les réchauffe et les grandisse. Il faut qu'une vertu offre à l'ordre militaire un idéal rajeuni, lui confère, par l'élite, l'unité des tendances, provoque l'ardeur et féconde le talent.

Le Caractère sera ce ferment, le Caractère, vertu des temps difficiles.

II

Face à l'événement, c'est à soi-même que recourt l'homme de caractère. Son mouvement est d'imposer à l'action sa marque, de la prendre à son compte, d'en faire son affaire. Et loin de s'abriter sous la hiérarchie, de se cacher dans les textes, de se couvrir des comptes rendus, le voilà qui se dresse, se campe et fait front. Non qu'il veuille ignorer les ordres ou négliger les conseils, mais il a la passion de vouloir, la jalousie de décider. Non qu'il soit inconscient du risque ou dédaigneux des conséquences, mais il les mesure de bonne foi et les accepte sans ruse. Bien mieux, il embrasse l'action avec l'orgueil du maître, car s'il s'en mêle, elle est à lui ; jouissant du succès pourvu qu'il lui soit dû et lors même qu'il n'en tire pas profit, supportant tout le poids du revers non sans quelque amère satisfaction. Bref, lutteur qui trouve au-dedans son ardeur et son point d'appui, joueur qui cherche moins le gain que la réussite et paie ses dettes de son propre argent, l'homme de caractère confère à l'action la noblesse ; sans lui morne tâche d'esclave, grâce à lui jeu divin du héros.

Ce n'est point dire, certes, qu'il la réalise seul. D'autres y participent qui ne sont pas sans mérite d'abnégation ou d'obéissance et prodiguent leurs peines à faire ce qu'on leur dit. Certains contribuent à tracer le plan : théoriciens ou conseillers. Mais c'est du caractère que procèdent l'élément suprême, la part créatrice, le point divin, à savoir le fait d'entreprendre. De même que le talent marque l'œuvre d'art d'un cachet particulier de compréhension et d'expression, ainsi le Caractère imprime son dynamisme propre aux éléments de l'action. De là, le tour personnel que prend celle-ci du moment qu'il y participe. Moralement, il l'anime, il lui donne la vie, comme le talent fait de la matière dans le domaine de l'art.

Cette propriété de vivifier l'entreprise implique l'énergie d'en assumer les conséquences. La difficulté attire l'homme de caractère, car c'est en l'étreignant qu'il se réalise lui-même. Mais, qu'il l'ait ou non vaincue, c'est affaire entre elle et lui. Amant jaloux, il ne partage rien de ce qu'elle lui donne, ni de ce qu'elle lui coûte. Il y cherche, quoi qu'il arrive, l'âpre joie d'être responsable.

La passion d'agir par soi-même s'accompagne, évidemment, de quelque rudesse dans les procédés. L'homme de caractère incorpore à sa personne la rigueur propre à l'effort. Les subordonnés l'éprouvent et, parfois, ils en gémissent. D'ailleurs, un tel chef est distant, car l'autorité ne va pas sans prestige, ni le prestige sans éloignement. Au-dessous de lui, l'on murmure tout bas de sa hauteur et de ses exigences. Mais, dans l'action, plus de censeurs ! Les volontés, les espoirs s'orientent vers lui comme le fer vers l'aimant. Vienne la crise, c'est lui que l'on suit, qui lève le fardeau de ses propres bras, dussent-ils s'y rompre, et le porte sur ses reins, quand même ils en seraient brisés. Réciproquement, la confiance des petits exalte l'homme de caractère. Il se sent obligé par cette humble justice qu'on lui rend. Sa fermeté croît à mesure, mais aussi sa bienveillance, car il est né protecteur. Que l'affaire réussisse, il en distribue largement l'avantage et, dans le cas d'un revers, il n'admet pas que le reproche descende plus bas que lui. On lui rend en estime ce qu'il offre en sécurité.

Vis-à-vis des supérieurs, le train ordinaire des choses le favorise mal. Assuré dans ses jugements et conscient de sa force, il ne concède rien au désir de plaire. Le fait qu'il tire de lui-même et non point d'un ordre sa décision et sa fermeté l'éloigne souvent de l'obéissance passive. Il prétend qu'on lui donne sa tâche et qu'on le laisse maître à son bord, exigence insupportable à beaucoup de chefs qui, faute d'embrasser les ensembles, cultivent les détails et se nourrissent de formalités. Enfin, l'on redoute son audace qui ne ménage les routines ni les quiétudes. « Orgueilleux, indiscipliné », disent de lui les médiocres, traitant le pur-sang dont la bouche est sensible comme la bourrique qui refuse d'avancer, ne discernant point que l'âpreté est le revers ordinaire des puissantes natures, qu'on s'appuie seulement sur ce qui résiste et qu'il faut préférer les cœurs fermes et incommodes aux âmes faciles et sans ressort.

Mais, que les événements deviennent graves, le péril pressant, que le salut commun exige tout à coup l'initiative, le goût du risque, la solidité, aussitôt change la perspective et la justice se fait jour. Une sorte de lame de fond pousse au premier plan l'homme de caractère. On prend son conseil, on loue son talent, on s'en remet à sa valeur. A lui, naturellement, la tâche difficile, l'effort principal, la mission décisive. Tout ce qu'il propose est pris en considération, tout ce qu'il demande, accordé. Au reste, il n'abuse pas et se montre bon prince, du moment qu'on l'invoque. A peine goûte-t-il la saveur de sa revanche, car l'action l'absorbe tout entier.

Ce recours unanime au Caractère, quand l'événement l'impose, manifeste l'instinct des hommes. Tous éprouvent, au fond, la valeur suprême d'une pareille puissance. Tous ont le sentiment qu'elle constitue l'élément capital de l'action. Car enfin, s'il faut, suivant Cicéron, « étudier chaque chose dans les exemplaires les plus achevés qu'on en possède », où voit-on qu'une grande œuvre humaine ait été jamais réalisée sans que se soit fait jour la passion d'agir par soi-même d'un homme de caractère ? Alexandre n'eût point conquis l'Asie, ni Galilée démontré le mouvement de la terre, ni Colomb découvert l'Amérique, ni Richelieu restauré l'autorité royale, ni Boileau posé les règles du goût classique, ni Napoléon fondé l'Empire, ni Lesseps percé l'isthme, ni Bismarck réalisé l'unité allemande, ni Clemenceau sauvé la patrie, s'ils avaient cédé aux conseils d'une basse prudence ou aux suggestions d'une lâche modestie. Bien plus, ceux qui accomplirent quelque chose de grand durent souvent passer outre aux apparences d'une fausse discipline. Ainsi Pélissier[4] à Sébastopol, empochant les dépêches comminatoires de l'Empereur, pour les lire seulement quand l'affaire serait terminée. Ainsi Lanrezac[5], sauvant son armée après Charleroi en rompant le combat malgré les ordres reçus. Ainsi Lyautey, conservant tout le Maroc en 1914 en dépit des instructions supérieures. Après la bataille navale du Jutland et l'occasion manquée par les Anglais de détruire la flotte allemande, lord Fisher[6],

4. Le général Aimable Pélissier (1794-1864) remplaça Canrobert en mai 1855 au commandement des forces françaises devant Sébastopol. Il mena sa campagne en ne tenant aucun compte des ingérences parisiennes et fut nommé maréchal le 12 septembre, à l'issue de la prise du fort de Malakoff.

5. Le général Charles Lanrezac (1852-1925) commandait la 5e armée en août 1914. A l'issue de la bataille de Charleroi, le 23 août, contrevenant aux ordres de Joffre, il donna l'ordre de reculer, ce qui sauva son armée et lui permit de participer à la bataille de la Marne.

6. John Arbuthnot Fisher (1841-1920) fut premier lord de la Mer de 1904 à 1910, puis à nouveau d'octobre 1914 à mai 1915, date à laquelle il démissionna à cause de son désaccord avec le premier lord de l'Amirauté, Winston Churchill, à propos de l'expédition des Dardanelles.

premier lord de l'Amirauté, recevant le rapport de l'amiral Jellicoe[7], s'écriait avec chagrin : « Il a toutes les qualités de Nelson, sauf une : il ne sait pas désobéir ! »

Il va de soi que les succès des grands hommes impliquent des facultés multiples. Le Caractère, si rien ne l'accompagne, ne donne que des téméraires ou des entêtés. Mais, inversement, les plus hautes qualités de l'esprit ne peuvent suffire. L'histoire nous présente cent personnages doués des plus rares talents, mais dont le manque de caractère frappa l'œuvre de stérilité. Servant ou trahissant à merveille, ils ne créèrent rien ; mêlés aux événements, ils n'y imprimèrent pas leur marque ; considérables, ils ne furent point illustres.

Peu d'hommes ont, mieux que Sieyès, pénétré la théorie des institutions. Plein de projets, prodigue de conseils, siégeant sur les bancs des assemblées dans le temps même où la France nouvelle sortait de l'ancienne au prix d'une crise inouïe, qu'a-t-il accompli pendant les années révolutionnaires, sinon « d'avoir vécu » ? M. Henri Joly[8], s'arrêtant à la carrière de Talleyrand et mettant en relief « la fécondité de vues, la sûreté du coup d'œil, l'ampleur des prévisions, la connaissance des hommes », que possédait ce diplomate, observe qu'il n'a rien fait de grand à une époque pourtant bien favorable et cite à ce sujet

7. John Rushworth Jellicoe (1859-1935) commandait la flotte anglaise à la bataille du Jutland les 31 mai et 1er juin 1916.

8. Henri Joly (1839-1925), philosophe et sociologue, enseigna la psychologie comparée à la Sorbonne et la science criminelle à la faculté de droit de Paris. Il publia notamment en 1883 *Psychologie des grands hommes*.

le jugement de Thiers : « Aimant à plaire, plus qu'à contredire, ayant des penchants plutôt que des opinions..., il n'avait pas le crédit d'un esprit ferme et convaincu. » Le général Trochu[9], renommé parmi ses contemporains pour son intelligence et son savoir, mêlé, jeune encore, aux grandes affaires dont il avait le sens et l'expérience, se trouva porté au faîte du pouvoir à un moment décisif pour la patrie. Il ne lui manquait rien pour jouer un grand rôle national, sinon, précisément, l'audace de l'entreprendre et la fermeté de s'y tenir.

III

On s'explique fort bien que, suivant les époques, le Caractère soit, tour à tour, recherché ou tenu à l'écart. Les hommes des temps faciles et qui peuvent se laisser vivre rendent hommage à cette incommode vertu. Cependant, ils n'y recourent guère. Mais tous de l'invoquer à grands cris quand il faut rénover.

Or, notre siècle, à peine au tiers écoulé, aura vu se succéder deux âges radicalement dissemblables et sans autre transition que la guerre. Les contemporains doivent faire effort pour se représenter les années d'autrefois : ère de stabilité, d'économie, de prudence ; société des droits acquis, des partis traditionnels, des maisons de confiance ; régime des revenus fixes, des traitements certains, des retraites calculées au plus juste ; époque du trois pour cent,

---

9. Louis-Jules Trochu (1815-1896) fut président du gouvernement de la Défense nationale du 4 septembre 1870 au 18 février 1871.

de l'échelle mobile, du vieil outillage et de la dot réglementaire. La concurrence, aidée de la technique, a fait fuir cette sagesse et tué cette douceur : groupe allégorique qui symbolise l'âge nouveau. La guerre a grossi en torrent le cours naturel des choses et transformé l'assiette des besoins. Pour satisfaire ceux-ci, tels qu'ils sont, divers, impérieux, changeants, l'activité des hommes se multiplie et se précipite. Plus éphémères que jamais sont le succès, la mode, le gain. Quelle clientèle se conserve, quelle réputation est définitive, combien de temps une machine demeure-t-elle assez moderne ? La chevelure de la Fortune, coupée court, offre peu de prise, et tous la poursuivent à présent, même celui-là qui, naguère, l'attendait dans son lit.

Ces nouvelles conditions de la vie font grandir dans l'esprit public des tendances jusqu'alors rares ou contenues. La société française a vécu cent ans dans la crainte de ce qui était risqué, lointain, changeant. Mais voici qu'il y pousse la volonté d'entreprendre, le désir d'aventure, le besoin de renouveau. Etre fonctionnaire, s'installer chez soi, imiter ceux que le succès consacre, tel fut notre idéal d'un siècle. Gagner de l'argent, couvrir des distances, éviter les sentiers battus, tel est notre goût d'aujourd'hui. Au lieu et place de la coutume, du règlement et du poncif, il nous faut d'autres critères de la pensée et de l'action. On ne blâme plus la dépense, on veut le dernier modèle, on n'hésite plus à prendre un paquebot et les livres appréciés nous promènent autour de la terre. Pour couler des jours tranquilles, on sollicitait toute la sagesse du monde ; à présent, la vie est un raid où chacun donne tout ce qu'il peut.

Tandis que l'activité des Français prend cette tournure, comment l'armée garderait-elle identiques ses tendances morales d'autrefois ? Puisque notre siècle ne réclame et ne prise rien tant que l'action personnelle et le courage de risquer, il convient qu'à son tour, et sous peine d'isolement, l'ordre militaire honore par-dessus tout l'initiative et le goût des responsabilités. Non, certes, qu'il doive négliger d'autres vertus qui, tour à tour, firent sa force, mais le moment est venu pour lui de mettre le Caractère au-dessus de toutes celles-là, de l'exiger avant les autres, de le cultiver d'abord, d'en faire son critérium. A ce prix, l'armée fera disparaître ce qu'il y a, sans doute, de compassé dans ses méthodes, de différé dans ses décisions, de rigide dans ses procédés, et qui risquerait, à la longue, de l'exiler de son temps, d'écarter d'elle les meilleurs, d'indisposer l'élite d'aujourd'hui.

D'ailleurs, le même souffle qui a bouleversé le monde a changé aussi, et pour cause, les conditions de l'ordre guerrier. Une troupe, un état-major, un service mettaient naguère en œuvre un matériel uniforme. Les hommes de quarante ans ont connu l'infanterie armée tout entière du même fusil, l'artillerie de campagne servant un seul modèle de pièce, la cavalerie, pour combattre, mettant le sabre à la main, les transmissions réduites aux jambes des coureurs et aux chevaux des estafettes. Ils ont connu des unités immuables dans leur organisation, un recrutement constant, des cadres permanents et homogènes, des besoins toujours pareils. L'exercice du commandement, les combinaisons tactiques, l'instruction, l'administration étaient, de ce fait, relativement simples. L'action revêtant peu de formes, on y appliquait avec avantage une autorité centralisée et des procédés sans nuances. Et, bien que l'initiative fût, pour une part, nécessaire et, d'ailleurs, recommandée, la solution de chaque problème pouvait, le plus souvent, se tirer d'un code : règlement, doctrine, tradition.

Pendant la Grande Guerre, la force des choses imposa un système différent. Il fallut bien modifier constamment la stratégie et la tactique, exiger l'effort personnel, pousser aux sommets des hommes qu'on en écartait naguère. Chacun de ceux qui commandaient, voire le plus petit, eut sa tâche à remplir où nul ne le contrariait, sous les obus et les balles, mais dont il répondait seul. Et le plus humble soldat : voltigeur d'une vague d'assaut, guetteur d'une tranchée, coureur d'une section, possédait en propre sa part d'action où tout dépendait de lui. Où que l'on fût placé, on tâchait d'être un « as », c'est-à-dire un homme qui, malgré les risques, fît à sa façon ce qu'il avait à faire et, de son cru, ajoutât quelque chose au commun devoir.

Mais la nécessité immédiate s'est éloignée avec la guerre et l'on doit craindre que l'armée s'abandonne à quelque inertie. Pourtant, les éléments nouveaux de l'action militaire, la complexité des instruments, la mobilité des circonstances lui commandent de prendre un autre chemin. L'infanterie combine, à présent, pour combattre, les effets gradués de quinze armes différentes, elle emploie vingt procédés usuels de transmissions. Sauf erreur, très probable, l'artillerie peut avoir à servir soixante-huit modèles de pièces, tirées ou portées, suivant les cas, par des chevaux en nombre variable, des tracteurs de plusieurs sortes, des camions plus ou moins lourds, des trucks de différents modèles. La cavalerie s'est pourvue d'armes automatiques et de moteurs. Le génie mobilise seize catégories d'unités mettant chacune en œuvre un outillage particulier. Des armes qui subissent une évolution rapide : aviation, aérostation, chars, apportent sans cesse quelque modification à leur matériel et, par suite, à leur emploi. Et comment exprimer la complexité de certains services : transmissions, ravitaillements, transports ? Encore les méthodes d'emploi, la liaison, le rendement de tous ces moyens varient-ils suivant l'ennemi, le terrain, les vues… Malgré les règlements, les recettes et les exercices, jamais l'aptitude et l'habitude d'agir par soi-même ne furent plus nécessaires au guerrier. Malheur à nous, si nous laissions baisser cette flamme ! L'armée, en campagne, ne serait qu'un corps sans nerfs, incapable de se mouvoir, une mécanique très minutieuse dont nul n'aurait le secret.

D'ailleurs, dès le temps de paix, de cruelles conséquences se feraient bientôt sentir. L'impuissance à réaliser deviendrait chronique. Vice qu'on pourrait cacher, peut-être, en un siècle immobile. Mais vice éclatant et inexpiable au cours de cette génération où tout est à refondre, sinon à refaire, où le cadre même dans lequel vit l'armée subit une perpétuelle évolution, où la constitution des unités, le recrutement, les effectifs, les garnisons, les commandements ne se ressemblent jamais d'une année à la suivante ni d'un lieu à l'autre, où le nombre des cas d'espèce devient infini. Que du haut en bas s'efface l'initiative, s'atténuent le goût d'être responsable et le courage de parler net, s'abaisse le Caractère, et l'on verrait l'armée atteinte de paralysie. Tout le long de la hiérarchie, des échelons sans cesse renforcés s'épuiseraient à traiter d'en haut ce qui doit être décidé sur place. Une réglementation démesurée, contradictoire à force de minutie, quotidiennement modifiée et rectifiée, un amas de projets sans avenir, de prévisions d'avance démenties, de questions toujours à l'étude, un monceau d'avis sans valeur, de comptes rendus faits pour la forme, de vaines demandes, c'est en quoi s'absorberait l'activité militaire. Mesures inadéquates, décisions périmées et, par contrecoup, scepticisme général, discipline altérée, voilà ce qu'il faudrait en attendre.

Mais que chacun, à son échelon, veuille agir par lui-même, d'après les faits plutôt que d'après les textes, s'efforcer de réaliser avant que de plaire, ne jamais cacher sa pensée quand il faut la dire, et quoi qu'il doive en coûter, que du haut en bas l'on s'en remette au caractère, qu'on le distingue, qu'on l'exhorte, qu'on l'exige, on verra bientôt l'ordre naître et triompher. Chaque problème, traité sur place, et le plus souvent résolu, n'impliquera plus la mise en marche d'une pesante et grinçante machinerie. Des résultats meilleurs répondront à des prescriptions plus rares. Les difficultés croissantes du métier des armes susciteront moins de plaintes mais plus d'efforts. Et l'effet, suivant l'usage, devenant cause à son tour on verra la profession militaire attirer et retenir les hommes les mieux trempés dont certains, autrement, se détourneraient d'elle, faute d'y trouver assez d'éléments pour leur capacité d'agir. On verra, surtout, l'armée reprendre, grâce à ce tonique, toute sa vigueur morale.

Car les temps sont durs pour elle et les motifs de doute ne lui ont pas manqué : la mort des meilleurs, la victoire fermant ses ailes à peine eut-elle pris son essor, les soucis matériels, l'instabilité. Du dehors il lui vint, il est vrai, quelques secours, et de qualité, mais le pays, dans son ensemble, excédé du bruit des armes, débarrassé de l'angoisse d'un conflit, s'est détourné, pour un temps, de l'ordre guerrier. Parmi ceux qui expriment l'opinion et, en même temps, la dirigent, beaucoup traduisent par des hommages convenus et de molles protestations leur satiété et leur indifférence. Certains habillent d'ironie leur malveillance ou leurs remords. Les outrages de quelques-uns font éclater leur haine ; or, comme a dit Clemenceau : « La pire souffrance de l'âme, c'est le froid. » Si l'on n'y mettait bon ordre, cette misère n'irait point longtemps sans abaissement.

A la rude école du Caractère, l'ordre militaire peut recouvrer sa foi et sa fierté. Ainsi raffermi, il attendra sans angoisse que joue en sa faveur l'alternance du destin, que passent les jours amers et que l'esprit du temps lui redevienne favorable, comme le vent redresse l'arbre après l'avoir penché.

Du prestige

> « En sa poitrine, porter sa propre gloire. »
>
> VILLIERS DE L'ISLE-ADAM

I

Notre temps est dur pour l'autorité. Les mœurs la battent en brèche, les lois tendent à l'affaiblir. Au foyer comme à l'atelier, dans l'Etat ou dans la rue, c'est l'impatience et la critique qu'elle suscite plutôt que la confiance et la subordination. Heurtée d'en bas chaque fois qu'elle se montre, elle se prend à douter d'elle-même, tâtonne, s'exerce à contretemps, ou bien au minimum avec réticences, précautions, excuses, ou bien à l'excès par bourrades, rudesses et formalisme.

Cette décadence suit le déclin de l'ordre moral, social, politique qui, depuis des siècles, est en usage dans nos vieilles nations. Par conviction et par calcul, on a longtemps attribué au pouvoir une origine, à l'élite des droits qui justifiaient les hiérarchies. L'édifice de ces conventions s'écroule à force de lézardes. Dans leurs croyances vacillantes, leurs traditions exsangues, leur loyalisme épuisé, les contemporains ne trouvent plus le goût de l'antique déférence, ni le respect des règles d'autrefois.

« Nos dieux sont décrépits et la misère en tombe[1]. »

Une pareille crise, pour générale qu'elle paraisse, ne saurait durer qu'un temps. Les hommes ne se passent point, au fond, d'être dirigés, non plus que de manger, boire et dormir. Ces animaux politiques ont besoin d'organisation, c'est-à-dire d'ordre et de chefs. Si l'autorité chancelle sur des fondements ébranlés, l'équilibre naturel des choses lui en procurera d'autres, plus tôt ou plus tard, meilleurs ou moins bons, propres dans tous les cas à l'établissement d'une nouvelle discipline. Bien mieux, ces bases, voici qu'on les discerne : c'est la valeur individuelle et l'ascendant de quelques-uns. Tout ce que les masses, naguère, accordaient de crédit à la fonction ou à la naissance, elles le reportent à présent sur ceux-là seulement qui ont su s'imposer. Quel prince légitime fut jamais obéi comme tel dictateur sorti de rien, sinon de son audace ? Quelle puissance établie marquait une entreprise aussi profondément qu'aujourd'hui la technique personnelle d'un ingénieur ? Quels conquérants furent acclamés autant que nos athlètes qui tiennent leurs succès de leur seul effort ?

1. Citation du poète nordiste Albert Samain (1858-1900).

Cette transformation de l'autorité ne peut manquer d'affecter la discipline militaire. Dans l'armée comme ailleurs, on dit que « le respect s'en va ». Plutôt, il se déplace. L'homme qui commande, à quelque échelon qu'il soit placé, doit se fier pour être suivi moins à son élévation qu'à sa valeur. Il ne faut plus confondre la puissance et ses attributs.

Ce n'est point, évidemment, qu'il n'entre plus dans la discipline rien de ce dont, naguère, elle était pétrie. Les hommes ne changent pas si vite, ni si complètement, et la nature ne fait pas de sauts. L'empire exercé sur les autres dépend encore, pour une large part, de la consécration du grade et des services. Inversement, il y a beau temps que l'ascendant du maître aide à la subordination. Mais, au cours d'une époque déréglée, au sein d'une société bouleversée dans ses cadres et dans ses traditions, les conventions d'obéissance vont s'affaiblissant et le prestige personnel du chef devient le ressort du commandement.

II

Fait affectif, suggestion, impression produite, sorte de sympathie inspirée aux autres, le prestige dépend, d'abord, d'un don élémentaire, d'une aptitude naturelle qui échappent à l'analyse. Le fait est que certains hommes répandent, pour ainsi dire de naissance, un fluide d'autorité dont on ne peut discerner au juste en quoi il consiste et dont même on s'étonne parfois tout en subissant ses effets. Il en va de cette matière comme de l'amour, qui ne s'explique point sans l'action d'un inexprimable charme. Bien mieux, il n'y a pas toujours correspondance entre la valeur intrinsèque et l'ascendant des individus. On voit des gens remarquables par l'intelligence et la vertu et qui n'ont point le rayonnement dont d'autres sont entourés, quoique moins bien doués quant à l'esprit et quant au cœur.

Mais, s'il entre dans le prestige une part qui ne s'acquiert pas, qui vient du fond de l'être et varie avec chacun, on ne laisse pas d'y discerner aussi certains éléments constants et nécessaires. On peut s'assurer de ceux-là ou, du moins, les développer. Au chef, comme à l'artiste, il faut le don façonné par le métier.

Et, tout d'abord, le prestige ne peut aller sans mystère, car on révère peu ce que l'on connaît trop bien. Tous les cultes ont leurs tabernacles et il n'y a pas de grand homme pour ses domestiques. Il faut donc que dans les projets, la manière, les mouvements de l'esprit, un élément demeure que les autres ne puissent saisir et qui les intrigue, les émeuve, les tienne en haleine. Non, certes, qu'on doive s'enfermer dans une tour d'ivoire, ignorer les subordonnés, leur demeurer inaccessible. Bien au contraire, l'empire sur les âmes exige qu'on les observe et que chacune puisse croire qu'on l'a distinguée. Mais à la condition qu'on joigne à cette recherche un système de ne point livrer, un parti pris de garder par-devers soi quelque secret de surprise qui risque à toute heure d'intervenir. La foi latente des masses fait le reste. Dès lors, jugeant le chef capable d'ajouter à l'efficacité des procédés connus tout le poids d'une vertu singulière, la confiance et l'espoir lui font obscurément crédit.

Une pareille réserve de l'âme ne va point, d'ordinaire, sans celle des gestes et des mots. Apparences, peut-être, mais d'après quoi la multitude établit son opinion. Est-ce à tort, d'ailleurs, et n'y a-t-il pas un rapport entre la force intérieure et l'aspect des individus ? Aussi, l'expérience des guerriers n'a jamais méconnu l'importance de l'attitude. Et tandis que, parmi ceux qui commandent, les plus petits s'exercent tout bonnement à se bien tenir devant leur troupe, les plus grands ménagent avec soin leurs interventions. Ils en font un art que Flaubert a fort bien saisi quand il nous peint, dans *Salammbô*, l'effet produit sur les soldats hésitants par l'apparition calculée d'Amilcar. Chaque page des *Commentaires* nous montre de quelle façon César mesurait ses gestes publics. On connaît le souci qu'avait Napoléon de se montrer toujours dans des conditions telles que les esprits en fussent frappés.

La sobriété du discours accentue le relief de l'attitude. Rien ne rehausse l'autorité mieux que le silence, splendeur des forts et refuge des faibles, pudeur des orgueilleux et fierté des humbles, prudence des sages et esprit des sots. Pour l'homme qui désire ou qui tremble, le mouvement naturel est de chercher dans les mots un dérivatif à l'angoisse. S'il y cède, c'est qu'il compose avec sa passion ou sa peur. Parler, d'ailleurs, c'est délayer sa pensée, épancher son ardeur, bref c'est se disperser quand l'action exige qu'on se concentre. Enfin, il y a, du silence à l'ordre, comme une correspondance nécessaire. « Garde à vous ! » crie-t-on d'abord à la troupe que l'on veut mettre en œuvre. Et, comme tout ce qui vient du chef est au plus haut point contagieux, il crée le calme et l'attention pourvu qu'il se taise. Aussi, l'instinct des hommes désapprouve le maître qui prodigue les phrases. *Imperatoria brevitas*, disaient les Romains. Les règlements ont toujours prescrit la concision des ordres, et nous voyons trop bien aujourd'hui comment l'autorité se ronge elle-même par la vague des papiers et le flot des discours.

Cette loi du silence dans l'action militaire n'est pas, il est vrai, conforme à l'idée que s'en fait la foule. Il existe, à cet égard, comme un préjugé d'espèce littéraire d'après lequel les événements guerriers se déroulent dans une sorte d'emphase. Le roman, le théâtre, le cinéma ne manquent point de nous représenter les héros comme discourant et gesticulant en menant leur monde. La réalité dément cette absurde convention. Peut-être l'agitation verbale a-t-elle, par hasard, provoqué chez les subordonnés quelque bref entraînement, mais au prix de quelle confusion ? En fait, aucun de ceux qui accomplirent de grandes actions ne les ont dirigées dans le bavardage. Condé, à Rocroi, tout jeune et bouillant d'ardeur, entouré de gens prêts à boire ses paroles, monte à cheval, reconnaît le terrain, parcourt les rangs sans rien dire. A ce signe, les soldats pressentent qu'il est né homme de guerre en même temps que prince du sang. Hoche, général en chef à vingt-quatre ans dans une époque de rhétorique, a bientôt appris le silence. « Mûri avant l'âge, dit un biographe, par l'habitude du commandement, sa fougue impétueuse et sa parole brillante ont fait place à une dignité froide et à un langage laconique. » Qui donc est taciturne autant que Bonaparte ? Devenu empereur, il s'épanche parfois, mais à propos de politique ; dans ses fonctions de général il demeure au contraire impassible. La Grande Armée prend modèle sur le maître. « J'ai connu, écrit Vigny, des officiers qui s'enfermaient dans un silence de trappiste et dont la bouche ne s'ouvrait que pour laisser passage aux ordres. Sous l'Empire, cette contenance était presque toujours celle des officiers supérieurs et des généraux. » Les combattants de la Grande Guerre ont mille fois fait voir leur méfiance à l'égard des chefs qui adjuraient et proclamaient, et l'estime raisonnée que leur inspirait, par contre, la sérénité silencieuse du commandement.

La réserve systématique observée par le chef ne produit, cependant, d'impression que si l'on y sent enveloppées la décision et l'ardeur. On connaît de ces gens impassibles qui passent quelque temps pour des sphinx et bientôt pour des imbéciles. L'ascendant naît, justement, du contraste entre la puissance intérieure et la maîtrise de soi, comme l'élégance du joueur consiste à renforcer ses apparences de sang-froid lorsqu'il élève les enjeux et comme les effets les plus pathétiques obtenus par l'acteur tiennent au spectacle qu'il donne d'une émotion contenue. Il suffit à Barrès de contempler les effigies d'Alexandre et ce qui s'y trouve à la fois de serein et de passionné, d'auguste et de terrible, pour discerner la source de l'autorité qui maintint en ordre, treize années durant, au milieu d'épreuves indicibles, des lieutenants jaloux et des soldats turbulents et fit accepter l'hellénisme à tout un monde farouche et corrompu.

Au reste, dominer les événements, y imprimer une marque, en assumer les conséquences, c'est bien là ce qu'avant tout on attend du chef. L'élévation d'un homme au-dessus des autres ne se justifie que s'il apporte à la tâche commune l'impulsion et la garantie du caractère. Car enfin, le privilège de la domination, le droit d'ordonner, l'orgueil d'être obéi, les mille égards, hommages et facilités qui entourent la puissance, l'honneur et la gloire dont le chef reçoit la plus large part, pourquoi lui seraient-ils gratuits ? Et, comment les payer, sinon par le risque qu'il prend à son compte ? L'obéissance ne serait point tolérable si celui qui l'exige n'en devait rien tirer d'effectif. Et qu'en tirera-t-il, s'il n'ose, ne décide et n'entreprend ?

La masse s'y trompe d'autant moins que, privée d'un maître, elle a tôt subi les effets de sa turbulence. Les plus habiles marins ne quittent point le port si personne ne règle la manœuvre et quatre hercules réunis ne lèvent pas un brancard s'il ne se trouve quelqu'un pour rythmer leur effort. En face de l'action, la foule a peur, l'appréhension de chacun s'y multiplie à l'infini de toutes les appréhensions des autres. « La peur est le ressort des assemblées. » Ardant du Picq[2] a montré comment elle hante les troupes. C'est pourquoi l'énergie du chef affermit les subordonnés comme la bouée de sauvetage rassure les passagers du navire. On veut savoir qu'elle est là et qu'on peut, s'il y a péril, s'y accrocher de confiance.

Point de prestige, par conséquent, pour les figurants de la hiérarchie : parasites qui absorbent tout

2. Le colonel Charles Ardant du Picq (1821-1870), théoricien militaire, publia en 1880 *Etudes sur le combat*.

et ne rendent rien, timorés grelottant sous leurs couvertures, Maîtres Jacques qui changent de casaque sans délai ni scrupule. Ceux-là peuvent sauvegarder, souvent, leur carrière de fonctionnaires, leur avancement de militaires ou leur portefeuille de ministres. Ils obtiennent même, au besoin, la déférence convenue que leur accordent l'usage et les règlements et dont le chancelier Pasquier[3] se vantait de jouir, « malgré les treize serments qu'il avait prêtés ». Mais la foi des esprits, la sympathie des ardeurs se refusent à leur astuce glacée. Elles n'appartiennent qu'aux chefs qui s'incorporent avec l'action, font leur affaire des difficultés, mettent au feu tout ce qu'ils possèdent. Il se dégage de tels personnages un magnétisme de confiance et même d'illusion. Pour ceux qui les suivent ils personnifient le but, incarnent l'espérance. Le dévouement des petits, concentré sur leur personne, confond le succès de l'entreprise avec l'heur de les satisfaire. « Serons-nous heureux, aujourd'hui ? » demande César à un centurion, et celui-ci : « Tu vas vaincre ! Pour moi, ce soir, vivant ou non, j'aurai mérité l'éloge de César. » Et la victoire de Hanau[4] réjouit Coignet parce que « l'Empereur y eut encore une journée de bonheur ».

Encore faut-il que ce dessein, où le chef s'absorbe, porte la marque de la grandeur. Il s'agit de répondre, en effet, au souhait obscur des hommes à qui l'infirmité

---

3. Etienne-Denis Pasquier (1767-1862), nommé chancelier de France par Louis-Philippe en 1837, servit l'Empire, les deux Restaurations et la monarchie de Juillet.

4. Victoire des 30 et 31 octobre 1813 contre les troupes austro-bavaroises pendant la retraite de la Grande Armée après sa défaite de Leipzig.

de leurs organes fait désirer la perfection du but, qui, bornés dans leur nature, nourrissent des vœux infinis et, mesurant chacun sa petitesse, acceptent l'action collective pourvu qu'elle tende à quelque chose de grand. On ne s'impose point sans presser ce ressort. Tous ceux dont c'est le rôle de mener la foule s'entendent à l'utiliser. Il est à la base de l'éloquence : pas d'orateur qui n'agite de grandes idées autour de la plus pauvre thèse. Il est le levier des affaires : tout prospectus de banquier se recommande du progrès. Il est le tremplin des partis dont chacun ne cesse d'invoquer le bonheur universel. Ce que le chef ordonne doit revêtir, par conséquent, le caractère de l'élévation. Il lui faut viser haut, voir grand, juger large, tranchant ainsi sur le commun qui se débat dans d'étroites lisières. Il lui faut personnifier le mépris des contingences, tandis que la masse est vouée aux soucis de détail. Il lui faut écarter ce qui est mesquin de ses façons et de ses procédés, quand le vulgaire ne s'observe pas. Ce n'est point affaire de vertu et la perfection évangélique ne conduit pas à l'empire. L'homme d'action ne se conçoit guère sans une forte dose d'égoïsme, d'orgueil, de dureté, de ruse. Mais on lui passe tout cela et, même, il en prend plus de relief s'il s'en fait des moyens pour réaliser de grandes choses. Ainsi, par cette satisfaction donnée aux secrets désirs de tous, par cette compensation offerte aux contraintes, il séduit les subordonnés et, lors même qu'il tombe sur la route, garde à leurs yeux le prestige des sommets où il voulait les entraîner. Mais, qu'il se borne au terre à terre, qu'il se contente de peu, c'en est fait ! il peut être un bon serviteur, non pas un maître vers qui se tournent la foi et les rêves.

On peut observer, en effet, que les conducteurs d'hommes – politiques, prophètes, soldats – qui obtinrent le plus des autres, s'identifièrent avec de hautes idées et en tirèrent d'amples mouvements. Suivis de leur vivant en vertu des suggestions de la grandeur, plutôt que de l'intérêt, leur renommée se mesure ensuite moins à l'utilité qu'à l'étendue de leur œuvre. Tandis que, parfois, la raison les blâme, le sentiment les glorifie. Napoléon, dans le concours des grands hommes, est toujours avant Parmentier. C'est au point que certains personnages qui ne firent, en somme, que pousser à la révolte et aux excès, gardent cependant devant la postérité comme une sombre gloire quand leurs crimes furent commis au nom de quelque haute revendication.

Réserve, caractère, grandeur, ces conditions du prestige imposent à ceux qui veulent les remplir un effort qui rebute le plus grand nombre. Cette contrainte incessante, ce risque constamment couru éprouvent la personnalité jusqu'aux fibres les plus secrètes. Il en résulte, pour qui s'y astreint, un état de lutte intime, plus ou moins aigu suivant son tempérament, mais qui ne laisse pas à tout moment de lui blesser l'âme comme le cilice à chaque pas déchire le pénitent. On touche là le motif de retraites mal expliquées : des hommes à qui tout réussit et que l'on acclame rejettent soudain le fardeau. En outre, à se tenir en dehors des autres, le chef se prive de ce que l'abandon, la familiarité, l'amitié même ont de douceurs. Il se voue à ce sentiment de solitude qui est, suivant Faguet[5], « la misère des hommes supérieurs ».

---

5. Emile Faguet (1847-1916), écrivain et critique littéraire.

L'état de satisfaction, de paix latente, de joie calculée, qu'on est convenu d'appeler le bonheur, est exclusif de la domination. Il faut prendre parti et le choix est cruel. De là ce je ne sais quoi de mélancolique dont se trouve imprégné tout ce qui est auguste : les gens aussi bien que les choses. Devant un antique et noble monument : « C'est triste ! » disait quelqu'un à Bonaparte, et celui-ci : « Oui, c'est triste, comme la grandeur ! »

III

Tandis que l'esprit du temps bouleverse les bases de l'autorité individuelle, il ne laisse point de battre en brèche le prestige séculaire des corps constitués. Non que la qualité intrinsèque en ait changé sensiblement, mais c'est un fait que la critique et l'irrévérence les serrent de plus près et les frappent plus âprement.

L'armée pâtit, la première, de cet abaissement. Elle y est d'autant plus sensible qu'il l'atteint au lendemain d'immenses efforts. Les soldats professionnels s'étonnent et s'indignent d'une situation morale diminuée. Certes l'équité n'y trouve pas son compte et la patrie risque d'en souffrir. Mais quoi ? Les élites, comme les individus, n'ont plus le prestige de droit. Pour ressaisir le sien, l'armée a moins besoin de lois, de réclamations, de prières, que d'un vaste effort intérieur.

Comme le personnage marquant qui, pour ménager son rang, s'applique à garder les distances, ainsi l'armée doit recouvrer, d'abord, cette réserve, cette façon d'être au-dessus de tout, bref cet aspect particulier qui, de tout temps, lui furent propres. Il va de soi qu'aucune recherche d'attitude ne lui donnerait un pareil relief. Il s'agit d'une force intime dont l'éclat concentré force la déférence ; il s'agit d'esprit militaire.

Des hommes ont adopté la loi de perpétuelle contrainte. Les droits de vivre où il leur plaît, de dire ce qu'ils pensent, de se vêtir à leur guise, ils les ont bénévolement perdus. Un ordre suffit, désormais, pour les fixer ici, les porter là-bas, les séparer de leur famille, les soustraire à leurs intérêts. Un mot d'un chef les fait se lever, marcher, courir, les jette aux intempéries, les prive de sommeil ou de nourriture, les enferme dans un poste, force leur fatigue. Ces hommes ne disposent pas de leur vie : que leurs membres soient rompus, leurs restes dispersés, c'est leur fonction de soldats.

Cette destination de misère, cette vocation de sacrifices, depuis que le monde est le monde l'armée en procède, y trouve sa raison d'être, en tire sa délectation. C'est un champ qu'elle laboure seule pour en livrer la récolte à d'autres. Mais, comment vivre dans un domaine séparé, poursuivre un idéal d'exception, sans un ordre propre des sentiments, un tour particulier de la pensée, un code spécial des valeurs et des rapports ? La force des armes ne se conçoit pas sans un esprit à part qui l'organise et la vivifie.

Mais justement, cet esprit, tout en isolant les soldats, contribue à leur prestige. La masse éprouve à son égard la considération que suscite une grande puissance morale. La rigueur et la cohésion militaires n'ont jamais laissé de frapper vivement les hommes. On ne pourrait évaluer ce que doivent d'inspiration à la force militante, souffrante et triomphante les lettres, le théâtre, la musique, la peinture, la sculpture, l'architecture, la danse. Voulût-on oublier l'Histoire, que la légende, l'image, la chanson témoigneraient suffisamment de l'effet produit sur les foules du passé par la splendeur des armes. Et, quant au présent, il n'est, pour être fixé, que d'assister aux jeux des enfants, de voir le peuple figé devant le cercueil d'un maréchal de France, ou de le regarder courir au spectacle d'une troupe en marche.

L'esprit militaire offrit, pendant la guerre, un capital moral dont on se trouva fort bien. Non, certes, qu'on en convînt toujours, tout au moins le péril passé. Force discours, livres ou films feraient croire assez volontiers que, dans la grande épreuve, chacun procédait par lui-même et comme à sa guise ; de là, du reste, l'allure conventionnelle, décousue, sautillante que revêtent ces représentations du combat et qui ne correspond pas au tour impersonnel, machinal, écrasant de la réalité. Il faut laisser ces erreurs aux tribuns. Les hommes de métier savent bien que, dans l'horreur de la guerre, ne furent, en somme, valables que les aptitudes collectives, qu'on eut de bonnes raisons pour employer dans certaines circonstances à peu près toujours les mêmes unités, que, peut-être, une rare élite se laissa river aux devoirs du soldat par un idéal qui ne devait rien aux armes, mais qu'on n'eût pas maintenu à leur place les pauvres gens qui se battaient, ni obtenu d'eux tant d'oubli de soi, de crédulité, de résignation, sans l'esprit militaire qui les livrait à l'engrenage de l'universel consentement.

Cette force incomparable, les soldats, depuis la guerre, l'ont négligée passablement. Il eût fallu pour la raviver une sorte de concentration matérielle et morale à quoi se prêtait mal l'état des choses. L'armée française, étirée à l'extrême par ses transformations, perdait en vigueur interne ce qu'elle gagnait en extension. Sa hiérarchie disloquée, son organisation sans cesse modifiée, ses cadres en perpétuelle mutation embrassaient mal des individus trop dispersés et trop mobiles. Le faisceau des corps et unités, où se créent des liens spécifiquement militaires, constamment rompu, puis refait, n'offrait plus aux guerriers les conditions désirables de permanence, d'émulation et de contrainte. Et, d'autre part, une telle confusion, en multipliant à l'infini les servitudes de détail, absorbait en mille démarches, écritures, corvées et manutentions l'activité des chefs et des soldats. Au lieu de la matière dense et serrée dont, naguère, elle modelait des troupes, l'armée ne disposait plus que d'une poussière d'isolés qu'elle pétrissait difficilement. Une fois regroupée et stabilisée, elle pourra se replier sur elle-même, cultiver ce qui la distingue et rénover l'esprit militaire.

Voici, d'ailleurs, que notre époque lui offre, pour ce grand travail, le concours de tendances nouvelles. Aujourd'hui, l'individualisme a tort. Partout se fait jour le besoin de s'associer. Il n'est pas de métier qui ne devienne corporation. Les partis ne parlent que de règles et d'exclusions. Le sport groupe ses fédérations et dresse ses équipes. En même temps, la forme agglomérée et précipitée de la vie impose à l'atelier, au bureau, dans la rue, une discipline de fait dont la rigueur eût révolté nos pères. Le machinisme et la division du travail font reculer tous les jours l'éclectisme et la fantaisie. Quelles que soient les tâches et les conditions, la force des choses répartit en tranches égales pour tous le labeur et le loisir. L'instruction tend à s'unifier. Les logements sont homothétiques. De Sydney à San Francisco, en passant par Paris, on taille les habits d'après le même patron. Il n'est pas jusqu'aux visages qui ne commencent à se ressembler. Sans conclure, peut-être, avec M. Maeterlinck, que l'humanité tende à la termitière[6], on voit bien qu'elle désapprouve l'indépendant et l'affranchi. Il ne tient qu'à l'armée de tirer parti d'une telle évolution. En tout cas, les corps de troupe, les consignes, l'exercice et l'uniforme n'ont rien qui contredise le siècle des syndicats, du code de la route, du système Taylor et des grands magasins.

Mais comment concevoir cette rénovation si l'armée ne retrouve intacts son entrain et son assurance ? De même que la plus habile réserve ne suffit pas au prestige d'un homme s'il n'en fait l'enveloppe d'un caractère résolu, ainsi l'élite la plus fermée et hiératique n'exerce pas d'ascendant s'il lui manque la confiance en elle-même et en son destin. Du jour où la noblesse française consacra son ardeur à défendre ses privilèges plutôt qu'à conduire l'Etat, la victoire du tiers était d'avance certaine. Toute la dignité de la force ne saurait valoir qu'en vertu de la foi militaire. Cette flamme n'a-t-elle pas vacillé ?

Après une conflagration sans exemple, les peuples détestent la guerre plus sincèrement qu'ils n'ont

6. Maurice Maeterlinck s'intéressa d'un point de vue philosophique aux insectes sociaux et publia en 1927 *La Vie des termites*.

jamais fait. Les Français, surtout, éprouvés plus que les autres, d'ailleurs victorieux et ne désirant rien ajouter à ce qu'ils possèdent déjà, maudissent cette calamité. Un tel état de l'opinion est par lui-même salutaire. Il est bon que les peuples aient des remords et si les hommes, dans leur ensemble, ne rêvaient que de se détruire, il y a beau temps que leur race aurait pris fin. Mais, par voie de conséquence, il est imputé à l'ordre militaire une partie de l'aversion qu'inspirent les combats. C'est là un phénomène d'anthropomorphisme du même genre que celui qui fait redouter le dentiste en même temps que le mal de dents. Que des hommes consacrent leur vie à préparer des épreuves dont justement on ne veut point, cela ne laisse pas d'indisposer la foule et d'autant plus que les professionnels, s'ils déplorent la guerre du point de vue humain et spéculatif, éprouvent pour le champ d'action qu'elle leur ouvre une inclination de carrière et prennent aux problèmes qu'elle soulève un intérêt technique assez désobligeant, en somme, pour ceux qui n'en attendent rien.

Encore faut-il que la mystique contemporaine ne décourage ni n'humilie ceux qui tiennent l'épée de la France. A ce peuple gorgé de biens, à cette nation que guettent les rancunes, à cet Etat dont les frontières sont telles qu'une seule bataille perdue livre au canon ennemi la proie de sa capitale, quelle garantie offre-t-on qui vaille le fil de ses armes ? C'est pourquoi, la part une fois faite aux émouvantes espérances du siècle, il convient que les soldats apportent à leur art toute leur conviction et toute leur fierté. Et, d'ailleurs, sans manquer de déplorer les maux que les armes traînent après elles, comment ne point saluer leur rôle prodigieux ?

La destruction est leur œuvre. A leur bilan s'inscrit un total odieux de vies brisées, de biens disparus, d'Etats mis en poudre. On ne compterait point ce qu'elles ont gaspillé de travaux, éteint d'efforts, empêché de bien-être. Friches, incendies, famines, voilà leurs beaux résultats. Mais, à combien d'hommes leur protection permit-elle de naître et de vivre ? Sans leur concours quelle tribu, quelle cité, quelle nation se fussent établies ? Que de moissons ont pu croître, d'artisans produire parce qu'elles les gardaient ! A quel progrès matériel n'ont-elles pas lié leur destin ? Comment mesurer ce que les richesses, les voies, les navires, les machines doivent aux désirs des conquérants ?

Les armes furent, de tout temps, les instruments de la barbarie. Elles ont assuré contre l'esprit le triomphe de la matière, et de la plus pesante. Constamment la raison en fut opprimée, le jugement bafoué, le talent meurtri. Point d'erreurs qu'elles n'aient défendues, point d'ignorants qui n'y recourussent, point de brutes qui ne les aient brandies. Cependant, les lumières qui en ont jailli éclairèrent bien souvent le domaine de l'intelligence. A leur appel, la science et l'art ont ouvert aux humains des sources merveilleuses de connaissance et d'inspiration. Fin des plus hautes spéculations, objet des plus nobles recherches, elles ont mérité d'être aimées du génie.

Les armes remuent au fond des cœurs la fange des pires instincts. Elles proclament le meurtre, nourrissent la haine, déchaînent la cupidité. Elles auront écrasé les faibles, exalté les indignes, soutenu la tyrannie. On doit à leur fureur aveugle l'avortement des meilleurs projets, l'échec des mouvements les plus généreux. Sans relâche, elles détruisent l'ordre, saccagent l'espérance, mettent les prophètes à mort. Pourtant, si Lucifer en a fait cet usage, on les a vues aux mains de l'Archange. De quelles vertus elles ont enrichi le capital moral des hommes ! Par leur fait, le courage, le dévouement, la grandeur d'âme atteignirent les sommets. Noblesse des pauvres, pardon des coupables, elles ont, du plus médiocre, tiré l'abnégation, donné l'honneur au gredin, la dignité à l'esclave. Portant les idées, traînant les réformes, frayant la voie aux religions, elles répandirent par l'univers tout ce qui l'a renouvelé, rendu meilleur ou consolé. Il n'y eut d'hellénisme, d'ordre romain, de chrétienté, de droits de l'homme, de civilisation moderne que par leur effort sanglant.

Les armes ont torturé mais aussi façonné le monde. Elles ont accompli le meilleur et le pire, enfanté l'infâme aussi bien que le plus grand, tour à tour rampé dans l'horreur ou rayonné dans la gloire. Honteuse et magnifique, leur histoire est celle des hommes. Elles sont générales, multiples, éternelles, comme la pensée et comme l'action.

Certaine illusion pourrait donner à croire que le rôle des soldats, si vaste fut-il dans le passé, est en voie de disparaître et que l'univers d'à présent peut enfin se passer d'eux. Une telle théorie, répandue dans une génération dont le destin politique, social, économique, moral fut précisément réglé à coups de canon, est, par elle-même, assez singulière. Cependant, elle offre aux masses un bienfaisant réconfort.

Mais comment les guerriers s'y laisseraient-ils tromper ? Ces gens dont, depuis douze ans, l'on a tant exigé, qui ont dû garder le Rhin, occuper Francfort, Düsseldorf, la Ruhr, prêter main-forte aux Polonais et aux Tchèques, demeurer en Silésie, à Memel, au Schleswig, surveiller Constantinople, rétablir l'ordre au Maroc, réduire Abd el-Krim, soumettre « la tache » de Taza[7], s'opposer aux rezzous sahariens, prendre pied au Levant, pénétrer en Cilicie, chasser Fayçal de Damas, s'installer sur l'Euphrate et sur le Tigre, réprimer l'insurrection du djebel druze, montrer la force en tous points de nos colonies d'Afrique, d'Amérique, d'Océanie, contenir en Indochine l'agitation latente, protéger au milieu des émeutes et des révolutions nos établissements de Chine, ces soldats d'un empire qui, sans eux, s'écroulerait aussitôt, ces officiers dont il est mort en campagne un millier depuis l'armistice, plus que la Grande Armée n'en perdit au total à Ulm, Austerlitz, Iéna et Eylau, plus qu'il n'en est tombé en 1870 du matin de Wissembourg jusqu'au soir de Saint-Privat[8], au nom de quoi et pour quels motifs perdraient-ils la fierté d'eux-mêmes ? Et, quant à l'ordre international que notre époque essaie de créer, se peut-il même concevoir sans une force militaire pour l'établir et l'assurer ? Jamais l'orgueil des armes ne fut plus justifié ni plus nécessaire.

---

7. Une zone montagneuse du Moyen Atlas marocain, appelée la « tache de Taza », resta insoumise jusqu'en 1926.

8. La bataille de Wissembourg, en Alsace, le 4 août 1870, fut la première de la guerre franco-prussienne. Celle de Saint-Privat ou Gravelotte, le 18 août, permit aux Prussiens d'achever l'encerclement de Metz.

Cette conviction, toutefois, demeurerait stérile au-dedans de l'armée et, au-dehors, insupportable, si les professionnels ne restauraient en même temps l'abnégation. Il y a là un élément de grandeur que l'on peut qualifier d'infaillible. C'est qu'il existe, en effet, un curieux rapport, mais incontestable, entre le renoncement des individus et la splendeur du tout. Nos semblables, portés par nature à poursuivre les avantages personnels, sont d'autant plus frappés par les ensembles que chaque partie s'y efface au profit de l'harmonie collective. Cela est vrai pour un monument, un jardin, un orchestre, un corps de ballet. Cela est vrai pour une troupe dont l'impression qu'elle produit est en raison du bon ordre des rangs et des files. Cela est vrai pour l'armée dont le rayonnement tient aux sacrifices qu'elle fait accepter à ses membres. Aussi ne lui conteste-t-on jamais cette sorte de prestige. Le temps écoulé, la cause servie, les doctrines du moment n'y changent rien. A découvrir au bord de l'Euphrate les ruines du poste romain, le voyageur éprouve les mêmes sentiments que celui du IIIe siècle ; malgré les haines soulevées par l'ambition de l'« Ogre », toute l'Europe a chanté *Les Deux Grenadiers* de Heine[9] ; les fureurs des récentes batailles n'empêchent pas de saluer avec respect la tombe du soldat ennemi ; et ceux-là mêmes aujourd'hui qui maudissent le plus âprement la guerre ne négligent pas de faire savoir, à l'occasion, qu'ils s'y sont bravement comportés.

---

9. Heinrich Heine écrivit en 1815 la ballade des *Deux Grenadiers* de la Grande Armée, de retour de captivité en Russie, et apprenant la défaite de l'Empereur. Elle fut mise en musique par de nombreux compositeurs, notamment Schumann et Wagner.

On conviendra qu'au cours des dernières années les professionnels ont manifesté quelque impatience de leur servitude. Sans doute, cette perpétuelle immolation de l'intérêt particulier a toujours arraché des plaintes à ceux qui s'y soumettent. Il est même entendu en France que l'homme d'armes grogne et ronchonne en quelque sorte par définition. Mais ce n'était, jadis, que mécontentement de surface. Au fond, les militaires discernaient fort bien que leur honneur se confond avec leurs sacrifices. Récemment, cette compréhension a paru moins claire. Dans les rangs, le détachement, au moins apparent, de l'ordre matériel et la pudeur dans l'ambition ne furent plus aussi nettement de mise. L'âpreté des carrières, voire le calcul des gains ne se cachaient qu'à demi.

On ne s'explique que trop aisément les raisons de ces tendances. Dans un corps plus ébranlé qu'aucun autre par les pertes de la guerre, les duretés excessives des dernières années ne pouvaient manquer de provoquer quelque réaction. Et, tandis que les conditions de la vie portaient les soldats à s'inquiéter de chiffres dont ils pouvaient, jadis, ne se point soucier, toute l'ardeur de l'époque tendue vers les bénéfices leur faisait paraître plus lourdes les chaînes de leur renoncement. Or, si le goût de gagner et la concurrence peuvent être tenus pour salutaires dans une société contrainte à refaire ses richesses détruites, il serait gravement fâcheux que les griefs militaires, si justes qu'ils puissent être au fond, prissent un tour d'amertume et d'envie. Les guerriers, comme tous les hommes, n'évitent pas certains mouvements de l'âme, mais en les avouant, pis encore, en les étalant, ils briseraient eux-mêmes leur piédestal.

Au reste, pour relever les autels de l'abnégation, l'armée trouvera bientôt la faveur d'une ambiance nouvelle. Le temps vient de finir où le culte de l'argent excommuniait tous les autres. La balance des événements tend vers l'équilibre et, dans un fracas de faillites, de scandales et de poursuites judiciaires, ramène les valeurs morales au grand jour du respect public. Point de doute que la servitude militaire ne paraisse avant peu plus grande que jamais et que l'on ne trouve fort beau le dévouement de gens qui, par hasard, ne comptent ni ce qu'ils donnent, ni ce qui leur est donné.

Comme ces plantes des eaux dont François de Curel[10] évoquait l'émouvante croissance et qui s'efforcent vers la surface où la lumière les appelle à fleurir, ainsi l'armée française, hésitante dans les ténèbres, va chercher, en s'élevant au-dessus d'elle-même, la chaleur et la clarté du prestige. Dur labeur, mais dont, à coup sûr, elle goûtera la récompense, puisqu'« il faut bien qu'il y ait un soleil ! ».

---

10. François de Curel (1854-1928), romancier et auteur dramatique. Le passage auquel il est fait allusion ici se trouve dans la pièce de 1919 *La Nouvelle Idole*.

De la doctrine

« A la guerre, il y a des principes, mais il y en a peu. »

BUGEAUD

I

Les principes qui régissent l'emploi des moyens : économie des forces, nécessité de procéder par concentration et, en conséquence, par phases ou bonds, surprise pour l'ennemi, sûreté pour soi-même, n'ont de valeur – combien l'ont professé déjà ! – que par la façon dont ils sont adaptés aux circonstances. Cette constatation n'a d'ailleurs rien de spécifiquement militaire et domine tout ordre d'action guerrière, politique, industrielle.

Apprécier les circonstances dans chaque cas particulier, tel est donc le rôle essentiel du chef. Du fait qu'il les connaît, qu'il les mesure, qu'il les exploite, il est vainqueur ; du fait qu'il les ignore, qu'il les juge mal, qu'il les néglige, il est vaincu. C'est sur les contingences qu'il faut construire l'action. Tel général, disposant d'une armée excellente et l'ayant minutieusement rangée en bataille, est battu parce qu'il n'est pas renseigné sur l'ennemi. Tel politique, ayant la volonté, la durée, disposant des ressources d'un grand pays et d'un solide système d'alliances, échoue parce qu'il ne discerne pas le caractère de son temps. Tel industriel, puissamment outillé, se ruine pour avoir méconnu l'état du marché.

Il semble que l'esprit militaire français répugne à reconnaître à l'action de guerre le caractère essentiellement empirique qu'elle doit revêtir. Il s'efforce sans cesse de construire une doctrine qui lui permette, *a priori*, d'orienter l'action et d'en concevoir la forme, sans tenir compte des circonstances qui devraient en être la base. Il y trouve, il est vrai, une sorte de satisfaction, mais dangereuse, et d'autant plus qu'elle est d'un ordre supérieur. Croire que l'on est en possession d'un moyen d'éviter les périls et les surprises des circonstances et de les dominer, c'est procurer à l'esprit le repos auquel il tend sans cesse, l'illusion de pouvoir négliger le mystère de l'inconnu.

Sans doute, l'esprit français y est-il plus particulièrement porté par son goût prononcé de l'abstraction et du système, son culte de l'absolu et du catégorique qui lui assurent de clairs avantages dans l'ordre de la spéculation, mais l'exposent à l'erreur dans l'ordre de l'action. Au cours d'une grande époque, il sut éviter le péril sans abandonner le privilège en se contraignant par la règle au respect de la mesure et du concret et le même siècle, où parurent les *Discours de la Méthode* et sur l'*Histoire universelle*, vit la politique réaliste de Richelieu, la stratégie objective de

Turenne, l'administration pratique de Colbert. Mais d'autres temps manifestèrent d'autres tendances qui sollicitèrent à leur tour l'art du guerrier. Une période de notre histoire où la politique mit à la base de son action extérieure le principe des nationalités et crut longtemps, à l'intérieur, trouver dans la liberté la solution de tous les problèmes et pouvoir la substituer aux réalités de l'organisation et de l'obligation, devait voir l'intelligence militaire édifier des doctrines *a priori* et prétendre imposer à l'action, en dépit des contingences, les conclusions absolues qu'elle tirait de l'abstraction.

Peut-être y eut-il là, d'ailleurs, une conséquence indirecte des modifications profondes apportées par le XIXe siècle à l'ordre européen et aux forces respectives des Etats. La France était, depuis la destruction de l'Empire de Charles Quint, accoutumée à considérer ses ressources comme supérieures à celles de toutes les autres puissances. Elle se savait la plus peuplée, la plus civilisée, la plus riche, la plus centralisée des nations. Mais, à partir du XVIIIe siècle, et surtout après les traités de 1815, elle vit croître au loin et auprès de ses frontières des peuples dont les forces balançaient les siennes. L'étendue de ses moyens était, jusqu'alors, pour l'armée, le principal motif de sa confiance en soi. Puisque celui-là menaçait de manquer, on voulut coûte que coûte en trouver un autre. La théorie était là pour le fournir.

Au XVIIIe siècle, déjà, les théories de l'absolu en matière tactique avaient fait leur apparition. Elles étaient favorisées par le mouvement général des idées et par le goût du système qui faisaient tant admirer l'*Encyclopédie* et le *Contrat social*. Les victoires de

Frédéric II avaient, d'ailleurs, vivement frappé les imaginations militaires et l'on voulut tirer de leur étude un procédé constant de victoire. Certains, observant que le roi de Prusse s'était toujours préoccupé d'appuyer sa manœuvre par un feu aussi puissant que possible, en déduisaient qu'il s'agissait simplement de mettre en ligne, dans tous les cas, le plus grand nombre de fusils et de canons, autrement dit de se placer en ligne mince. D'autres, alléguant le fait que le grand capitaine avait d'habitude arraché le succès par l'attaque et le choc d'une forte réserve, proclamaient qu'il fallait toujours et avant tout se disposer en une masse aussi dense que possible et se précipiter ainsi sur l'adversaire. Tous ces partisans de « l'Ordre linéaire » ou de « l'Ordre profond » négligeaient cette considération essentielle que les procédés de Frédéric n'avaient eu de valeur qu'en vertu des circonstances qui les inspirèrent.

Fort heureusement, beaucoup d'officiers, qui ne cessaient de se battre et qui renouvelaient ainsi constamment dans nos rangs le vrai sentiment de la guerre, se défiaient de ce dogmatisme. Les Guibert[1], les Broglie[2] surent, en définitive, faire triompher dans la plupart des esprits la doctrine du réel. C'est d'après les circonstances qu'on devait agir à la guerre et il fallait, par-dessus tout, se tenir en mesure de le faire : ouvert, articulé, renseigné en conséquence.

1. Le général-comte Jacques-Antoine-Hippolyte de Guibert (1743-1790) fut le collaborateur du comte de Saint-Germain, ministre de la Guerre de Louis XVI, dans sa tentative de réforme de l'armée française en 1775-1777. Il publia en 1770 un *Essai général de tactique* qui fut lu dans toute l'Europe et tout au long du XIXe siècle.

2. Le maréchal Victor-François de Broglie (1718-1804).

L'effort se traduirait par une manœuvre différente pour chaque cas particulier.

Les chefs militaires de la Révolution, puis ceux de l'Empire, que ces idées avaient imprégnés, trouvèrent dans leur mépris du dogmatisme une bonne préparation au succès. Il ne fut jamais question d'un corps de doctrines dans la Grande Armée. Saisir les circonstances, s'y adapter, les exploiter, telle fut la base des conceptions de Napoléon. On chercherait en vain dans ses plans et dans ses ordres l'ombre même d'une théorie du procédé : à Austerlitz, se repliant d'abord sur un terrain choisi d'avance, s'y défendant ensuite, attaquant en fin de journée ; à Iéna, prenant l'offensive de front et l'entretenant jusqu'à ce que fût obtenue la déroute des Prussiens ; à Eylau, fixant les Russes, tandis qu'il s'efforçait de déborder leur flanc ; à Laon, à Arcis-sur-Aube, rompant un combat mal engagé ; mais excellant à adapter toujours ses conceptions aux circonstances qu'il étudiait passionnément : l'ennemi, le terrain, les distances, la personnalité de ses lieutenants, la valeur et l'état de ses troupes.

Les quarante années qui suivirent notre abaissement de 1815 furent marquées par le sommeil de la pensée militaire, trop défavorisée par les conditions dans lesquelles se trouvait l'armée. Sous la Restauration, les officiers ne pensaient guère aux doctrines, agités les uns par leurs regrets, les autres par leurs rancunes, beaucoup par leurs passions politiques, tous par leur amertume, gravement préoccupés du lendemain à une époque où l'ordre militaire français chancelait dans un perpétuel déséquilibre et où les cadres ne trouvaient de sécurité dans aucun statut. Sous la monarchie de Juillet et la République de

1848, l'armée absorbée, à l'extérieur par la conquête de l'Algérie, à l'intérieur par la répression de continuelles émeutes, avait trop d'excuses pour négliger la méditation sur la grande guerre.

Du moins, des officiers qui avaient combattu sous Napoléon Ier, comme Bugeaud, Baraguey d'Hilliers[3], ou dont la jeunesse militaire avait profité des souvenirs des anciens comme Canrobert, Pélissier, Mac-Mahon, surent-ils conserver en eux-mêmes et maintenir dans la tradition une précieuse disposition à s'adapter aux circonstances et à les exploiter. Telle fut la raison des succès de Crimée et d'Italie, obtenus malgré la médiocrité du commandement et l'insuffisance des préparations.

Cette aptitude de nos chefs eût pu sauver la France aux moments décisifs de la guerre franco-allemande et balancer le désavantage de nos moyens et de notre organisation si, dans les quelques années qui précédèrent 1870, une théorie construite *a priori* n'était venue la dissoudre.

L'armée française avait mesuré, au cours des combats de 1855[4] et de 1859[5], l'efficacité du feu et notamment du feu d'infanterie. A Sébastopol, on avait vu, pour la première fois, les fusils arrêter à distance l'élan des soldats les plus déterminés, même quand l'obstacle matériel de la fortification avait été détruit au préalable, comme à l'assaut du 18 juin[6]. La

3. Le maréchal-comte Achille Baraguey d'Hilliers (1795-1878) s'engagea dans la Grande Armée à dix-sept ans. Il était capitaine en 1815.

4. Pendant la guerre de Crimée.

5. Pendant la campagne d'Italie.

6. L'un des assauts qui échouèrent contre le fortin de Malakoff, à Sébastopol, le 18 juin 1855.

campagne d'Italie, pourtant si brève, avait fourmillé de tels exemples. Les chefs, comme les soldats, conservaient une impression inoubliable du feu des Autrichiens, couchant par terre la moitié des grenadiers de la Garde lors de la prise de la redoute de San Martino[7], décimant les régiments des corps Niel et Canrobert à Ponte Vecchio[8], jonchant des cadavres du corps Mac-Mahon les abords de Magenta, réduisant des deux tiers en cinq minutes le 33e de ligne que Baraguey d'Hilliers lançait sur Melegnano[9], tuant des milliers d'hommes autour de Solferino aux voltigeurs de la Garde et aux divisions de Négrier[10] et Bazaine.

A peine cette impression de la réalité avait-elle marqué les esprits que le Chassepot[11] puis la mitrailleuse étaient mis en service dans notre armée, lui conférant une notable supériorité d'armement.

On conçoit que les hommes de guerre de l'époque aient été frappés par l'avantage extrême que pouvaient présenter désormais, dans certains cas, des positions choisies d'avance, offrant des champs de tir étendus et où l'on serait en mesure de disposer dans de bonnes conditions des feux d'infanterie puissants. Il y avait là, en effet, dans l'ordre tactique, un élément nouveau et considérable dont il fallait tenir un large

---

7. Il s'agit d'un épisode de la bataille de Solferino, le 24 juin 1859.

8. Il s'agit d'un épisode de la bataille de Magenta, le 4 juin 1859.

9. Le 8 juin 1855.

10. Le général Ernest Frédéric Raphaël de Négrier (1799-1892) commandait une brigade pendant la bataille de Solferino où son cheval fut tué sous lui.

11. Le fusil modèle 1866, dit Chassepot, du nom de son inventeur, fut mis en service en 1866. Le chargement par la culasse lui donnait des avantages décisifs, notamment pour la cadence de tir.

compte. Modifier radicalement la forme et l'économie des procédés de la défensive d'après les propriétés des armes nouvelles, organiser la recherche et l'exploitation de champs de tir, faire une large part dans les dispositifs à adopter, en particulier dans la densité d'occupation du terrain, à la densité du feu des Chassepots, cela eût été logique et sage.

Mais on ne s'en tint pas là. On voulut déduire de la portée et de la rapidité de tir des fusils et des mitrailleuses toute une doctrine, celle des positions. On crut tenir par là le procédé général applicable à toutes les circonstances. Quelles qu'elles fussent, on prendrait position sur un terrain choisi d'avance où l'ennemi serait détruit par le feu dès qu'il prétendrait livrer bataille. Choisir un seul fait, si considérable qu'il fût, les propriétés des armes à tir rapide, pour en tirer une règle générale d'action, c'était d'une exagération mortelle.

Comment, dans ces conditions, les généraux français de 1870 n'eussent-ils pas manifesté cette passivité qui demeure l'étonnement de l'Histoire ? On comprend qu'ils n'aient point saisi les occasions que les événements leur offrirent à plusieurs reprises. Il eût fallu, pour en profiter, qu'ils y fussent d'avance résolus, et ils ne l'étaient pas, du fait même de leur doctrine. Il eût fallu, d'ailleurs, qu'ils se tinssent au courant des circonstances et notamment qu'ils fissent effort pour se renseigner sur l'ennemi, et précisément les circonstances, précisément l'ennemi : ses intentions, ses moyens, son dispositif, leur apparaissaient comme des éléments accessoires de leurs décisions, puisqu'il s'agissait avant tout, selon eux, de tenir par le feu la position choisie et d'attendre.

Ainsi s'expliquent la surprise du général Abel Douay à Wissembourg[12], l'attitude du maréchal de Mac-Mahon à Frœschwiller[13], n'imaginant point qu'il pût faire autre chose que défendre avec acharnement le terrain où il s'était installé, l'immobilité du corps Frossard à Spicheren[14], alors qu'après un échec de la XIVe division prussienne s'offrait une occasion très favorable de passer à l'offensive, l'inaction des corps Bazaine et de Failly[15], le 6 août, laissant écraser respectivement le général Frossard et le maréchal Mac-Mahon, à quelques heures de marche de leurs positions, l'occasion manquée, le 16 août[16], par l'armée de Metz, d'écraser le IIIe corps prussien, la passivité de l'armée de Châlons, le 31 août autour de Sedan, tandis que l'ennemi était en train de l'investir. Une doctrine construite dans l'abstrait rendait aveugles et passifs des chefs qui, en d'autres temps, avaient largement fait preuve d'expérience et d'audace. Elle les conduisit à des désastres dont la brutalité fut proportionnée à l'arbitraire de la théorie.

---

12. Le général Abel Douay (1809-1870), commandant la 2e division d'infanterie, avait reçu l'ordre de tenir la position de Wissembourg. Il fut tué lors de la prise de la ville par les Prussiens le 4 août 1870.

13. La bataille de Frœschwiller-Wœrth, dite aussi bataille de Reichshoffen, fut gagnée par l'armée prussienne le 6 août 1870, malgré la célèbre charge des cuirassiers français.

14. Le général Charles Auguste Frossard (1807-1875) commandait le 2e corps d'armée. Le 6 août 1870, pendant la bataille de Forbach-Spicheren, il tenta de tenir sa position en attendant des renforts qui n'arrivèrent jamais puis ordonna la retraite sur Metz.

15. Pierre Louis Charles de Failly (1810-1892) commandait le 5e corps d'armée. Le 6 août 1870, il laissa écraser les troupes de Mac-Mahon à la bataille de Reichshoffen.

16. Voir note 9, p. 48.

II

Après la guerre de 1870, les hommes qui eurent la tâche de constituer pour l'armée une doctrine nouvelle avaient payé la vanité des théories édifiées dans l'abstraction par tout ce que des âmes de soldats peuvent contenir de chagrin. Ils s'étaient, par ailleurs, acquis une précieuse expérience. Les résultats de leurs travaux furent le Règlement de manœuvres d'infanterie de 1875 et, jusqu'à un certain point, le Règlement sur le service des armées en campagne de 1896. Ils les imprégnèrent du sentiment qu'ils avaient acquis de la variété, de la mobilité des circonstances de la guerre, de leur crainte, chèrement achetée, des solutions arrêtées *a priori* et de leur volonté de laisser le plus de champ possible aux personnalités.

Mais ce cadre à la fois large et précis ne suffit pas longtemps à la pensée militaire. Elle n'y trouvait pas ce qu'elle ne cesse de rechercher passionnément : une règle générale d'action propre à tous les problèmes. Ne pouvant – et pour cause – tirer cette règle de l'expérience vivante des combattants, elle prétendit l'arracher à l'Histoire.

Il était naturel et salutaire que les études des soldats se portassent sur les faits de guerre du passé. Les travaux des Bonnal[17], des Cardot[18], sur les cam-

---

17. Le général Henri Bonnal (1844-1917) fut l'un des premiers animateurs de l'Ecole supérieure de guerre, créée en 1878, et son commandant de 1901 à 1903.

18. Le général Lucien Cardot (1838-1920), professeur à l'Ecole supérieure de guerre, publia en 1903 *Essai sur la doctrine*.

pagnes du Premier Empire et celle de 1870, fournissaient à la réflexion une admirable matière. La « Relation de la guerre franco-allemande » par le Grand Etat-Major prussien était une source précieuse d'enseignements. Ces études, en répandant, d'une part, dans les esprits la connaissance raisonnée de nos victoires sur toute l'Europe au début du siècle et en faisant voir, d'autre part, que nos désastres de la dernière guerre étaient dus beaucoup moins au déploiement de talents incomparables chez l'ennemi qu'à l'accumulation de nos propres fautes, contribuèrent dans une large mesure à inspirer à nouveau à l'armée française la foi en elle-même qui s'y était effacée. Par ailleurs, notre restauration militaire, décidément accomplie vers 1889, le redressement de l'esprit public, l'apparition avec l'alliance russe de conditions politiques nouvelles rendaient à la France une confiance justifiée dans sa force et dans ses destinées. La pensée militaire se tourna vers l'offensive. Cette orientation était salutaire. Si elle fut l'effet de conditions générales nouvelles, elle ne tarda point à devenir la cause de tout un mouvement intellectuel et moral dont l'armée française avait certainement besoin.

Mais la mesure fut dépassée. L'histoire des campagnes de Napoléon offrait cent exemples de l'énergie passionnée qu'il apportait à connaître les circonstances, en particulier à se renseigner sur l'ennemi, de la variété, de l'opportunité, de la plasticité des conceptions qu'il bâtissait d'après les contingences. Mais on retint surtout le caractère d'audace et la forme offensive de ses manœuvres. On voulut attribuer à cette forme et à ce caractère comme une vertu propre. Les généraux prussiens de 1870 s'étaient vus, à maintes reprises, compromis par leur témérité dans des situations pires que graves. A Forbach Steinmetz[19], à Mars-la-Tour Alvensleben[20] n'avaient échappé à la défaite que grâce à notre absolue passivité. Pourtant, on conclut qu'ils triomphèrent en raison de cette témérité même et, sans vouloir considérer que leur système, heureux dans des circonstances de guerre où l'ennemi n'agissait point, eût récolté maints revers devant un adversaire manœuvrier et résolu, on proclama qu'il était bon en soi.

Ainsi, une génération militaire se persuadait que l'offensive avait une valeur transcendante. Quelles que fussent les circonstances, le fait seul d'attaquer conférait une supériorité que l'on inclinait à croire absolue. Du moment que le mouvement en avant possédait par lui-même une puissance irrésistible, tout se ramenait à le provoquer. On avait ainsi trouvé la loi du succès, la règle définitive de l'action, la base permanente de la conception auxquelles on tendait sans cesse. Engagée dans cette voie, la pensée militaire allait marcher d'abstraction en abstraction. Elle avait quitté le terrain de la réalité guerrière, elle allait transformer en doctrine une métaphysique absolue de l'action.

---

19. Le général Karl Friedrich von Steinmetz (1796-1877) commandait l'une des trois armées prussiennes sur le Rhin. Il fut démis de son commandement fin août 1870 à la suite de plusieurs manœuvres imprudentes, à Forbach le 6 août et à Gravelotte le 18.

20. Constantin von Alvensleben (1809-1892) ordonna, à la bataille de Mars-la-Tour, une charge de cavalerie qui fut anéantie et reçut le nom de Totenritt, « la chevauchée de la mort ».

Puisqu'en somme il suffisait de marcher sur l'ennemi pour le vaincre, le plus vite serait le mieux et il convenait de tenir pour accessoire tout ce qui n'était pas exclusivement la ruée en avant. Le feu devint un pis-aller. L'ouvrir était un dommage que l'on retarderait le plus possible, l'entretenir était un péril car l'élan de la troupe pourrait s'y dissoudre. Sitôt donné l'ordre d'attaquer, il n'y avait plus qu'à se précipiter sur l'ennemi, chaque unité cherchant uniquement à lui courir sus, le meilleur appui qu'elle pût fournir aux autres consistant à les devancer. On admettait, sans conviction, qu'on serait parfois contraint de rester sur la défensive. Même dans ce cas, le feu ne devait point être considéré comme le moyen d'action essentiel. C'est avant tout sur la contre-attaque qu'il fallait compter pour conserver le terrain. Quant à la fortification du champ de bataille, on la tenait pour un malheur, parfois inéluctable peut-être, mais dont il convenait avant tout de s'abriter.

Ainsi orientées, les conceptions pouvaient, en effet, s'établir sans tenir compte des circonstances. Quelles qu'elles fussent, on poussait devant soi une avant-garde qui, progressant au plus vite, attaquerait dans tous les cas dès qu'elle rencontrerait l'ennemi et là où elle le rencontrerait. Déployé à la faveur de cet engagement, le gros, prenant à son compte le combat de l'avant-garde, se porterait aussitôt à l'attaque, cherchant à obtenir la décision immédiate par le mouvement en avant aussi rapide que possible. A des entités morales comme la volonté d'offensive du chef, l'esprit de sacrifice des soldats, on attribuait dans l'exécution une valeur absolue, en les jugeant susceptibles d'opérer par elles-mêmes et en dehors des moyens.

Des objections graves furent opposées à cette doctrine par certains esprits particulièrement doués du sens des réalités. Elles donnèrent lieu à des discussions que l'Histoire enregistrera. Il était bien dangereux, selon le colonel Pétain[21], d'arrêter ainsi *a priori* la forme de toute action de guerre. C'est avant tout des circonstances, l'ennemi, le terrain, etc., qu'il allait tenir compte pour bâtir la manœuvre. Pour être en mesure de saisir les occasions et parer aux surprises, il convenait, d'abord, de se tenir constamment dans un dispositif qui permît la mise en œuvre de tous les moyens dans de bonnes conditions, bref d'être ouvert et articulé et de procéder par bonds. Ainsi, l'on se présenterait « en râteau et non en pointe ». L'ennemi rencontré, pourquoi l'avant-garde l'attaquerait-elle aussitôt et nécessairement ? Il fallait lui donner, d'après les circonstances, une mission précise et telle que le chef eût la liberté de décider de sa manœuvre et de la préparer. S'il s'agissait d'un combat de rencontre, cas général à prévoir dans les débuts d'une guerre, le chef choisirait le champ de bataille où il frapperait l'adversaire. La nature du terrain interviendrait, certes, dans ce choix, mais aussi les conditions voulues pour que le gros pût se disposer à loisir et agir soudain par concentration. Dans le même ordre d'idées, si l'on attaquait, on ne le ferait qu'appuyé depuis le début jusqu'à la fin par le maximum de feux d'artillerie et d'infanterie, la progres-

21. Philippe Pétain enseigna à l'Ecole supérieure de guerre entre 1901 et 1911.

sion étant scandée en phases correspondant à l'établissement de positions de tir successives. Si l'on se défendait, on le ferait avant tout par le feu, le plus puissant, le plus nourri étant le meilleur, on donnerait à la ligne de combat la plus grande densité possible.

Ces idées se trouvaient radicalement opposées à la doctrine devenue officielle. Le colonel Pétain prétendait qu'on contruisît d'après les circonstances la conception d'une manœuvre et que la concentration des moyens, notamment celle des feux, fût à la base de l'exécution. On préféra orienter l'action vers l'offensive immédiate et irraisonnée par système ; on voulut faire du combat la ruée désordonnée vers l'avant.

On connaît les conséquences tactiques qu'entraînèrent, lors des batailles des frontières, ces principes métaphysiques. Nos unités, négligeant de se renseigner sur l'ennemi, puisque tout ce qu'elles pourraient en connaître ne modifierait point leur manière de faire, le heurtèrent ordinairement dans des dispositifs désavantageux. Les avant-gardes, engagées à fond, furent en général détruites avant que l'artillerie ait pu se mettre en mesure de les appuyer et sans que les gros aient trouvé le temps de s'articuler pour le combat. Ceux-ci étaient donc amenés à s'engager précipitamment, parfois même en désordre ; en bien des occurrences, la confusion, la rupture des liaisons marquaient leur action dès le début. En outre, l'infanterie, croyant bien faire en n'employant pas ses armes et attaquant suivant un rythme hâtif qui ne permettait pas aux canons d'agir efficacement en sa faveur, était rapidement arrêtée par le feu de l'ennemi. Des pertes, d'autant plus cruelles que les fantassins montraient plus de courage, parfois des paniques étaient la sanction de ces procédés. Par la suite, l'adversaire passant à l'offensive ne rencontrait plus, en bien des points, que des troupes désorganisées, mal accrochées au terrain et ne fournissant que des feux décousus. Le reflux de toute la ligne de combat s'ensuivit à différentes reprises. Tel fut le processus de Sarrebourg-Morhange, d'Arlon-Virton, de Charleroi[22].

Transposée dans l'ordre stratégique, cette doctrine avait, on le sait, pesé sur les premières conceptions. Concentration *a priori* et par suite sans souplesse, offensive immédiate des armées françaises ; opérations entreprises sans que fût tenu un compte suffisant des intentions, du dispositif, des forces de l'ennemi, et médiocrement adaptées au terrain. C'est en vertu des mêmes principes que les places fortes, notamment celles du Nord, se virent négligées en temps de paix et souvent abandonnées sans résistance pendant la guerre.

La victoire de la Marne vint couvrir de gloire le chef qui sut s'affranchir des théories construites dans l'abstraction et induire sa conception des circonstances dont son esprit embrassait l'ensemble, discernant la conjonction favorable qu'elles offrirent soudain dans les premiers jours de septembre : dispositif vicieux de l'ennemi, avantage du terrain en notre faveur, couverture de nos flancs par des places fortes, état moral de l'armée et du pays, résolution et sang-froid du gouvernement.

22. Combats meurtriers d'août 1914.

On aurait pu croire que l'épreuve détruirait dans l'esprit militaire français le goût des doctrines imaginées dans l'abstraction. Il n'en fut rien. Sans doute, on profitait des leçons des événements mais avec lenteur et comme à regret. Les attaques de l'hiver 1914-1915 procédaient directement de l'opinion que l'offensive était par elle-même avantageuse et qu'il convenait de l'entretenir quelle que fût l'insuffisance manifeste de nos moyens. En vain les partisans des réalités proclamaient que les circonstances ne justifiaient pas ces procédés, « qu'on ne lutte pas avec des hommes contre du matériel » et qu'il convenait, avant d'attaquer, de s'en constituer les moyens.

Par la suite, confondant la fortification qui nous était imposée avec l'ennemi qui l'utilisait, beaucoup crurent que le problème de la victoire consistait à traverser la zone des tranchées adverses. La percée devint une entité suprême et comme divine et notre effort consista longtemps à accumuler de l'artillerie et de l'infanterie dans un secteur du front choisi et à tâcher d'y enlever les tranchées allemandes sur toute leur profondeur, admettant que la victoire serait acquise dès que nos vagues d'assaut auraient atteint le « terrain libre ».

Certains, désapprouvant cette conception absolue, déclaraient que le succès ne pouvait naître que de l'exploitation de circonstances favorables. Il fallait donc, d'abord, les provoquer. Dès 1915, le général Pétain, commandant la 4e armée, proposait de donner à la bataille, non point la forme d'une ruée exécutée dans des conditions arbitrairement fixées d'avance, mais, en premier lieu, « celle d'un combat d'usure entrepris sur tout le front des armées, ne visant que les objectifs très limités en profondeur, ayant pour but d'obliger l'ennemi à sortir de ses abris, à garnir ses tranchées, à mobiliser ses réserves ; puis, l'usure de l'ennemi étant jugée suffisante, on passerait à l'effort décisif donné sur les points qui paraîtraient les plus avantageux ». Et de quelle manière cet effort serait-il conduit ? « Sous forme d'assauts successifs contre les positions fortifiées de l'ennemi. Les circonstances guideront le chef sur la préférence à donner à l'une ou l'autre de ces exigences : obligation de suspendre l'attaque pour procéder à une nouvelle préparation, obligation d'agir avec célérité pour laisser à l'ennemi le minimum de temps. »

Cependant, nos batailles offensives de 1915 à 1916 eurent bien le caractère d'une percée recherchée immédiatement dans des formes et sur des terrains fixés d'avance. Sans doute, pour chacune d'elles, ce caractère allait décroissant, et l'on sait que le plan d'offensive établi à la fin de 1916 tendait à tirer la victoire de l'exploitation de circonstances favorables, celles-ci provoquées au préalable par un combat d'usure mené sur un très grand front, mais, bientôt, le culte de l'absolu l'emportait une fois encore. L'offensive d'avril 1917[23] était conçue en dehors des conditions du moment ; celles-ci ne lui étaient pas favorables. L'ennemi ne serait point surpris, Hindenburg, en reculant au mois de mars entre la Somme et l'Oise, ayant montré que nos intentions générales lui étaient connues ; d'ailleurs, l'opération coïncidait avec la révolution russe qui faisait naître dans les rangs allemands une immense espérance et leur per-

23. L'offensive du Chemin des Dames.

mettait de se renforcer à l'ouest ; il n'était pas douteux que nos vagues d'assaut allaient rencontrer un adversaire alerté, préparé et dont le moral était au plus haut. Le terrain choisi était difficile pour l'attaque, le mauvais temps ne cessait point. L'état moral de l'opinion, énervée par les espoirs ou les inquiétudes sans mesure des innombrables renseignés, ne laissait pas d'être médiocre. Le gouvernement se montrait bourrelé d'alarmes qu'il ne dissimulait ni au monde politique, ni aux Alliés, ni même aux chefs militaires.

L'opération fut, néanmoins, entreprise. Certes, on ne s'en dissimulait pas les difficultés, mais justement, pour les surmonter, on avait foi dans la valeur propre de l'offensive. On comptait sur l'audace même de la conception pour suppléer à l'insuffisance des moyens ; audace qui n'inspirait pas soudain le commandement à l'aspect d'une occasion propice, mais audace érigée en principe souverain, audace systématique, audace dont on croyait tirer la vertu surhumaine de modifier les réalités.

Une fois de plus, les réalités se montrèrent dures et les faits impitoyables. Du moins, cette suprême épreuve fut-elle décisive. Désormais, nos conceptions d'action allaient être inspirées par ce goût du réel, ce sens du positif, cet art d'exploiter les circonstances, qui demeureront la leçon militaire la plus féconde de la guerre.

L'idée, la mesure et la forme de nos opérations offensives de l'été et de l'automne 1917 en Flandre, sur la rive gauche de la Meuse et à La Malmaison[24],

---

24. Offensive lancée par le général Pétain du 23 au 26 octobre 1917, sur un secteur limité, à l'ouest du Chemin des Dames, elle fut un succès.

s'adaptaient aux conditions générales du moment : état moral de l'armée et du pays qu'il s'agissait de redresser, forces de l'ennemi qu'il fallait, tout à la fois, user à bon compte et retenir sur notre front, sans prétendre les détruire d'un seul coup puisque nous n'en avions pas les moyens, effectifs français à ménager, jusqu'au moment jugé opportun pour l'effort décisif et, cependant, prestige militaire à maintenir vis-à-vis des Alliés pour donner la force voulue à la voix de nos politiques et préparer le commandement unique, enfin nécessité d'entreprendre un vaste effort d'instruction pour mettre les troupes en mesure d'employer mieux le matériel dont elles étaient pourvues.

Ce même caractère d'adaptation aux circonstances et d'opportunité marqua notre défensive du printemps 1918. Allions-nous attaquer l'ennemi, tandis que ses forces l'emportaient sur les nôtres et que nous étions certains de pouvoir, à partir de l'été et grâce aux renforts américains, le frapper du fort au faible ? La doctrine de l'*a priori* l'eût conseillé, celle des circonstances ne le voulut point et la victoire lui donna raison.

En juillet, l'équilibre des forces était rompu en notre faveur et cet avantage devait aller croissant ; un puissant effort de l'ennemi venait d'être brisé ; ses troupes en avaient cruellement souffert et son moral chancelait ; il offrait un dispositif fâcheux dans une zone où le terrain rendait facile une concentration rapide et secrète de nos moyens d'attaque et leur mise en œuvre simultanée et subite. Ainsi les circonstances offraient une conjonction favorable. Celle-ci fut saisie et exploitée.

III

D'aussi longues et dures expériences ont marqué la pensée militaire française d'une empreinte qu'on voudrait croire indélébile. Elle gardera, sans doute, durant bien des années, le sentiment des réalités de la guerre. Mais conservera-t-elle aussi longtemps cette méfiance quant à la valeur des doctrines absolues, ce dédain des solutions déduites dans l'abstraction, ce goût de l'action conçue d'après les contingences, soigneusement préparée à leur mesure et exécutée avec d'autant plus de vigueur, qui dominaient tous les esprits au lendemain de la grande épreuve ? Déjà, l'on voit se dresser et se répandre une séduisante théorie qui, à partir d'une base réelle, la puissance du feu, aboutit par déductions abstraites à des conclusions exclusives.

Suivant une direction dont l'attrait est égal au péril, on en vient, semble-t-il, à penser que le problème de la manœuvre se ramène à donner aux moyens de feu la plus grande efficacité possible et, par suite, à faire effort là où l'on peut tirer le plus commodément.

Or, les formes du terrain commandent la portée, la rasance, la convergence des feux. Dans une situation donnée, le terrain présente en largeur et en profondeur un certain nombre de compartiments, dont l'étendue et la nature plus ou moins coupée et couverte offrent aux armes des conditions d'emploi plus ou moins favorables. C'est le compartiment le plus avantageux qui s'imposerait. On en viendrait à déduire, dans tous les cas, de la seule étude du sol en quel lieu il conviendrait d'agir. Et, quant à la forme de l'attaque, on ne la concevrait, elle aussi, qu'en vertu de cette unique considération. C'est le terrain qu'il faudrait vaincre.

Ainsi serait-on amené à viser exclusivement les points dominants, et, en effet, du moment qu'on admet que toutes autres choses doivent être toujours considérées comme égales d'ailleurs, tout revient à enlever les cotes les plus élevées qui ont le commandement le plus étendu. Ainsi s'accoutumerait-on à ne plus fixer d'autres directions, à ne plus choisir d'autres objectifs que ceux qu'indique l'aspect des crêtes, en faisant, par système, abstraction de toutes les variables et, avant tout, de l'ennemi.

Mais le choix systématique, dans tous les cas, pour y produire l'effort, du compartiment de terrain qui se prête le mieux, en lui-même, à l'action du feu, enlèverait toute souplesse à la manœuvre, ce qui reviendrait à la supprimer. On attaquerait toujours dans les terrains découverts, parce que les mitrailleuses y portent bien et que l'artillerie y tire plus aisément. D'un procédé excellent dans certaines circonstances de la dernière guerre, on tendrait à faire une loi générale. Surtout, les chefs de tout grade s'accoutumeraient à faire passer au second plan de leur esprit la préoccupation de se renseigner sur l'ennemi. Le seul terrain leur fournirait la solution de tous les problèmes quels que soient le dispositif de l'adversaire, ses moyens, ses travaux, ses communications, quelles que soient la valeur et la force de leurs propres troupes. Ainsi perdraient-ils d'avance la possibilité de saisir des occasions. Ainsi redeviendrait chronique cette maladresse à adapter les procédés aux circonstances que nos armées ont payée cher en 1870 et même, toute juste proportion gardée, en 1914.

Ulysse regagnant, après une longue guerre, Ithaque sa patrie, se fit attacher au mât du navire pour éviter de céder aux séductions des Sirènes et de rouler dans l'abîme des mers. Puisse la pensée militaire française résister à l'attrait séculaire de l'*a priori*, de l'absolu et du dogmatisme ! Puisse-t-elle, pour n'y point succomber, se fixer à l'ordre classique ! Elle y puisera ce goût du concret, ce don de la mesure, ce sens des réalités qui éclairent l'audace, inspirent la manœuvre et fécondent l'action.

Le politique et le soldat

> « … Ils iront deux par deux,
> Tant que le monde ira, pas à pas, côte à côte. »
>
> MUSSET

I

Sur la scène du temps de paix l'homme public tient le principal rôle. Qu'elle l'acclame ou qu'elle le siffle, la foule a des yeux et des oreilles tout d'abord pour ce personnage. Soudain, la guerre en tire un autre des coulisses, le pousse au premier plan, porte sur lui le faisceau des lumières : le chef militaire paraît. Une pièce commence que vont jouer ensemble le politique et le soldat. Dans la cohue des comparses, le tumulte de l'assistance, tout le drame se concentre en ces deux acteurs. Leur dialogue s'enchaîne à ce point que chacun n'a d'à-propos, d'esprit, de succès qu'en fonction du jeu de l'autre. Mais, que l'un manque la réplique et, pour les deux, tout est perdu.

Quelque différentes que soient, en effet, les tâches respectives du gouvernement et du commandement, leur interdépendance ne se discute pas. Quelle politique réussit quand les armes succombent ? Quelle stratégie est valable quand les moyens lui font défaut ? Rome, privée de légions, n'aurait rien tiré de l'habileté du Sénat. A quoi bon Richelieu, Mazarin, Louvois sans l'armée royale ? Dumouriez vaincu à Valmy, la Révolution était étouffée au berceau. L'unité allemande rend inséparables les noms de Bismarck et de Moltke. Ceux des hommes d'Etat et des grands chefs de la guerre récente resteront confondus, en dépit de tout, dans le souvenir de la victoire.

Le politique s'efforce à dominer l'opinion, celle du monarque, du conseil ou du peuple, car c'est de là qu'il tire l'action. Rien ne vaut pour lui et rien n'est possible qu'au nom de cette souveraine. Or, elle sait gré aux hommes moins d'être utiles que de lui plaire et les promesses l'entraînent plutôt que les arguments. Aussi le politique met-il tout son art à la séduire, dissimulant suivant l'heure, n'affirmant qu'opportunément. Pour devenir le maître, il se pose en serviteur et fait avec ses rivaux enchère d'assurances. Enfin, par mille intrigues et serments, voici qu'il l'a conquise : elle lui donne le pouvoir. A présent, va-t-il agir sans feindre ? Mais non ! Il lui faut plaire encore, convaincre le prince ou le parlement, flatter les passions, tenir en haleine les intérêts. Sa puissance, si étendue qu'elle soit, demeure précaire. Inconstante compagne, l'opinion le suit d'un pas capricieux, prête à s'arrêter s'il va de l'avant ou à bondir s'il temporise. L'ingrate tient pour rien les services du gouvernant et, dans le succès même, écoute ses adversaires avec complaisance. Mais qu'il erre, elle le hue, qu'il chancelle, elle l'accable. A quoi tient l'empire du politique ? Une cabale de cour, une intrigue de conseil, un mouvement d'assemblée le lui arrachent dans l'instant. Jeté à terre, il ne recueille plus qu'injustice. Ainsi, grand ou petit, personnage historique ou politicien sans relief, il va et vient de l'autorité à l'impuissance, du prestige à l'ingratitude publique. Toute sa vie, toute son œuvre ont un caractère instable, agité, tumultueux, qui les oppose à celles du soldat.

Celui-ci fait profession d'employer les armes, mais leur puissance doit être organisée. Du jour où il les prend, voilà donc le soldat soumis à la règle : elle ne le quitte plus. Maîtresse généreuse et jalouse, elle le guide, soutenant ses faiblesses et multipliant ses aptitudes, mais aussi elle le contraint, forçant ses doutes et refrénant ses élans. Ce qu'elle exige le fait souffrir jusqu'au fond de sa nature d'homme : renoncer à la liberté, à l'argent, parfois à la vie, quel sacrifice est plus complet ? Mais, à ce prix, elle lui ouvre l'empire de la force. C'est pourquoi, s'il gémit souvent de la règle, il la garde, bien mieux : il l'aime et se glorifie de ce qu'elle lui coûte. « C'est mon honneur ! » dit-il.

En sa compagnie, il accède à la puissance, mais par degrés, car une sévère hiérarchie l'encadre. Il reste toujours au soldat quelque grade à convoiter, quelque dignité à atteindre. En revanche, son autorité, là où il l'exerce, est d'une qualité suprême. Soutenue par la rigueur de la discipline, affermie par la tradition, elle use de tout ce que l'ordre militaire donne à celui qui commande de crédit et de prestige. Sous la férule et l'égide de la règle, le long d'une route austère mais sans détours, le soldat marche d'un pas assuré.

Le politique et le soldat apportent donc à la commune entreprise des caractères, des procédés, des soucis très différents. Celui-là gagne le but par les couverts ; celui-ci y court tout droit. L'un, qui porte au loin une vue trouble, juge les réalités complexes et s'applique à les saisir par la ruse et par le calcul ; l'autre, qui voit clair, mais de près, les trouve simples et croit qu'on les domine pour peu qu'on y soit résolu. Dans le fait du moment le premier pense à ce qu'on va dire, tandis que le second consulte des principes.

De cette dissemblance, résulte quelque incompréhension. Le soldat considère souvent le politique comme peu sûr, inconstant, friand de réclame. L'esprit militaire, nourri d'impératifs, s'étonne de tant de feintes auxquelles est contraint l'homme d'Etat. L'action guerrière, dans sa simplicité terrible, contraste avec les détours propres à l'art de gouverner. Cette mobilité passionnée, ce souci dominant de l'effet à produire, cette apparence d'estimer chez autrui moins son mérite que son influence – traits inéluctables du citoyen qui tient l'autorité de la faveur du peuple – ne laissent pas de troubler le professionnel des armes rompu aux durs devoirs, à l'effacement, au respect des services rendus.

C'est un fait que l'armée accorde malaisément aux pouvoirs publics une adhésion sans réserves. Sans doute, disciplinée par nature et par habitude, elle ne manque point d'obéir, mais cette subordination n'est guère joyeuse et les témoignages en vont aux fonctions plutôt qu'aux personnes. Il souffle dans les rangs, sous tous les régimes, un esprit d'indépendance que traduit au-dehors la froideur des attitudes. Louvois est rien moins qu'aimé par les troupes royales. L'armée de la Révolution, girondine sous la Montagne, manifeste après Thermidor ses préférences pour les Jacobins. Beaucoup de soldats, non des moindres, ont désapprouvé Brumaire, et Napoléon a de bonnes raisons de tenir à l'écart tant de grands chefs distingués par Carnot. L'armée de la monarchie restaurée regrette ouvertement l'Empire, quitte à garder, après le 2 décembre, une sympathie fidèle aux princes d'Orléans : lors du plébiscite, il y a dans les régiments pas mal d'abstentions. Après 1871, les cadres montrent peu d'inclination pour les tendances et les hommes de la République.

Inversement, le goût du système, l'assurance, la rigidité, dont l'esprit du métier et ses longues contraintes ont fait au soldat comme une seconde nature, paraissent au politique incommodes et sans attraits. Ce qu'il y a d'absolu, de sommaire, d'irrémissible dans l'action militaire indispose un personnage qui vit au milieu de cotes mal taillées, d'intrigues chroniques, d'entreprises révocables. Le gouvernant tient le guerrier pour étroit d'esprit, hautain, peu maniable, sous des aspects de déférence. Il faut dire que, voué aux idées et aux discours, il se défend mal de quelque malaise devant l'appareil de la force, alors même qu'il l'utilise. C'est pourquoi, sauf aux instants de crise où la nécessité fait loi, il favorise dans le commandement non point toujours les meilleurs mais les plus faciles, refoule parfois les chefs militaires aux rangs médiocres dans l'ordre des préséances et, quand la gloire les a consacrés, attend volontiers qu'ils soient morts pour leur rendre pleinement justice.

Ce défaut de sympathie réciproque chez le politique et chez le soldat n'est pas essentiellement fâcheux. Une sorte d'équilibre des tendances est nécessaire dans l'Etat et l'on doit secrètement approuver que les hommes qui le conduisent et ceux qui en manient la force éprouvent les uns pour les autres quelque éloignement. Dans un pays où les militaires feraient la loi on ne peut guère douter que les ressorts du pouvoir, tendus à l'excès, finiraient par se briser ; au-dehors, les voisins coaliseraient leurs alarmes. D'autre part, il convient que la politique ne se mêle point à l'armée. Tout ce qui vient des partis : passions affichées, surenchère des doctrines, choix ou exclusion des hommes d'après leurs opinions, a bientôt fait de corrompre le corps militaire dont la puissance tient d'abord à sa vertu.

Encore faut-il qu'on puisse s'entendre. Politiques et soldats ont à collaborer. Qu'ils n'en aient guère le goût, c'est affaire à leur sagesse de s'en accommoder, mais leur devoir est d'agir d'accord : il advient qu'ils y manquent. Alors même qu'un ordre solidement établi, une forte hiérarchie dans l'Etat favorisent l'harmonie, celle-ci ne se réalise pas sans heurts, pour se rompre fréquemment quand le trouble des événements vient porter au comble les ambitions ou les alarmes. On ne compte point les désastres dont leur querelle fut la cause directe et leur malveillance réciproque est à la base de toutes les négligences d'où sortirent les luttes malheureuses ; car l'histoire d'une guerre commence en temps de paix.

II

Aussi longtemps que la patrie n'est pas directement menacée, l'opinion répugne aux charges militaires. Cette sorte de contrainte par corps qu'est le recrutement : conscription ou racolage, n'a jamais cessé de paraître détestable. On tient souvent pour gaspillé tant d'argent consacré à des forces qui ne combattent pas. Il n'est point jusqu'à la discipline imposée aux troupes qui n'irrite sourdement l'esprit d'indépendance du populaire. Comment le gouvernant, qui ne peut se passer du suffrage des foules, ferait-il fi de tels sentiments ? D'ailleurs, il lui revient d'établir les budgets où l'entretien des armées creuse des trous effrayants. Et puis, c'est vers lui que montent les rumeurs de l'étranger, toujours inquiet des armements des autres. Enfin, le guide du peuple doit au bon sens de se proclamer pacifique et de ne point paraître empressé à forger des armes, lors même qu'il poursuit de belliqueuses entreprises. On ne connaît pas de conquérant qui n'ait, de bonne foi, affirmé qu'il voulait la paix.

On comprend que les problèmes d'ordre militaire indisposent l'homme au pouvoir. Le prodigue ni l'avare n'accueillent volontiers les factures. Bien qu'en dernier ressort les armements ne soient que les conséquences de la politique, les conseils du gouvernement appréhendent de les imposer jusque dans les moments des plus grands périls. Vienne, au contraire, une ère tranquille et l'on se hâte de mettre au rancart les navires et de dissoudre les régiments.

Le soldat – cela va de soi – ne cède pas aux mêmes tendances. Pour lui, la puissance des armes revêt un caractère essentiel et comme sacré. Tel est l'effet d'une vocation dont l'idéal est le sacrifice et qui, en exaltant le culte de la patrie, rend ce culte intransigeant. Au reste, les professionnels, à force de se préparer à combattre, en viennent à croire facilement qu'on est chaque soir à la veille d'en découdre et rien ne leur paraît plus nécessaire ni plus urgent que d'accumuler les moyens de vaincre. Il faut dire que, façonnés pour la guerre, ils y tendent naturellement. Non, certes, qu'ils en approuvent le principe. On pourrait même aisément montrer qu'ils sont, plus que personne, sensibles à ses horreurs. Mais enfin, la guerre est, bel et bien, leur raison d'être, la carrière où ils se déploient et, comme dit Gustave Lanson[1], « leur chance ». Ceux mêmes qui sincèrement lui préfèrent le repos, ne faudrait-il pas les mettre à la retraite ? Les armes que devra manier le chef militaire, il ne les trouve jamais trop aiguisées ni trop solides.

On s'explique donc que le temps de paix apporte déjà des sujets de friction entre guerriers et gouvernants, ceux-ci cherchant le rabais, ceux-là poussant à la dépense. Sans doute, il arrive qu'une leçon récente ou une menace imminente les mettent d'accord. Après 1870, les fondements de notre réorganisation militaire furent acceptés du même cœur par l'armée et par l'Assemblée, et l'on a vu, en 1913, les hommes qui gouvernaient la France adopter la « loi de trois

1. Le critique littéraire et historien de la littérature Gustave Lanson (1857-1934).

ans[2] » demandée par l'Etat-Major. Sans doute aussi, l'habitude d'obéir intimide les soldats dans leurs objections. Sans doute encore, les politiques, habiles à manier les hommes, s'entendent à dissoudre la résistance des professionnels. Il est de fait, cependant, que les dispositions relatives à la défense du pays sont rarement arrêtées sans controverses où s'opposent les exigences des uns et des autres, au milieu des invectives des tribuns.

Mais tôt ou tard, prévue ou non, déclenchée à dessein ou bien subie avec horreur, voici la guerre ! Au premier éclair des épées l'ordre des valeurs se trouve bouleversé. Sortant de la pénombre, le chef militaire est investi tout à coup d'une autorité effrayante. En un clin d'œil ses droits, comme ses devoirs, atteignent leurs extrêmes limites. La vie des autres est mise à sa discrétion. L'avenir de la patrie dépend immédiatement de ce qu'il décide. Tout un peuple tourne vers lui son angoisse. Et le ministre voit avec étonnement ce pouvoir grandiose et farouche sorti de terre à côté du sien.

Tout d'abord, transportés d'abnégation et soucieux de l'exemple à donner, le gouvernant et le soldat s'accordent, le plus souvent, sans peine. Pas besoin d'optimisme, chacun découvre dans le partenaire mille qualités dont, jusqu'alors, il ne convenait guère. On voit le politique, oubliant l'aigreur et l'ironie, multiplier les témoignages de confiance à l'égard du soldat, tandis que celui-ci, rompant avec sa froideur, étale à présent un loyalisme sincère. C'est l'instant où

2. La loi portant de deux à trois ans la durée du service militaire fut votée par la Chambre des députés le 19 juillet 1913.

Louvois cajole le Prince[3], Turenne et Luxembourg, d'ailleurs pleins d'ardeur à le satisfaire, où l'Assemblée et les clubs acclament Dumouriez dont rien n'altère encore l'enthousiasme révolutionnaire, où ministres et députés rendent hommage à l'Etat-Major qui ne doute aucunement de l'excellence du régime.

Mais voici que la guerre déroule son cortège de deuils et de déceptions. Les passions des foules montent au paroxysme. Leur flot terrible, plus ou moins contenu par les digues du dévouement et de la loi, les hommes d'Etat ne l'entendent pas sans vertige. Le sang et les richesses du peuple qu'ils portent vers les champs de bataille et dont ils répondent, après tout, d'autres chefs ont à les employer, et le gouvernant doit s'en remettre du sort des citoyens, de celui du pays, voire du sien propre, à des hommes lointains dont l'art jaloux n'accepte point d'intrus. Cette angoisse, jointe à cette impuissance, voilà dans de tels moments la pire épreuve du pouvoir. On conçoit qu'elle ait pour effet ordinaire quelque énervement. Les préventions antérieures renaissent. Les inquiétudes veulent être apaisées. L'obscurité devient insupportable. Où en est-on ? Quel est le plan ? Combien faut-il courir de risques ? Pourquoi cette hâte ou bien ces délais ? Comment les résultats trahissent-ils les espérances ? Que les généraux s'expliquent ! D'ailleurs, cela est nécessaire pour conduire la nation, négocier au-dehors, préparer des moyens nouveaux. Et le politique tourne un visage troublé vers le commandant en chef.

Celui-ci demeure morose et répond sans bonne grâce. Le fardeau à porter double sa raideur. Tendre

3. Le prince de Condé, Louis II de Bourbon-Condé (1621-1686).

son esprit, concentrer son âme, forcer sa nature et celle des autres ; dans le flot des avis, comptes rendus, renseignements, discerner le vrai du faux, l'essentiel de l'accessoire ; au milieu des passions qui s'agitent sous les attitudes, résister au doute, oublier la crainte, demeurer sourd à l'intrigue ; quels que soient la fortune, le tumulte, la hâte, paraître serein, ne s'abandonner point, ne se livrer jamais et, malgré les assurances d'en haut et l'obéissance d'en bas, n'attendre rien que de soi-même et connaître qu'on est seul en face du destin, ces devoirs qui s'imposent au chef ne sont pas pour l'assouplir. Absorbé par leurs exigences il conçoit malaisément les tribulations des ministres. D'ailleurs, n'aurait-il pas lui-même à se plaindre ? Ces moyens qui lui font défaut, que ne les a-t-on préparés ? Cet allié qui se réserve, ne pourrait-on l'amener à mieux faire ? Ces alarmes de l'opinion, qu'on les apaise tout d'abord ! Pardessus tout, le commandement réclame dans sa tâche une entière liberté d'esprit et proteste que c'est l'amoindrir que de lui marquer des doutes.

Si la victoire ne se fait pas attendre, le malaise est vite effacé. Point de querelles dans le bonheur ! Mais que le péril croisse, l'aigreur s'étend, s'exaspère, à mesure du trouble public. Autour des gouvernants rien que des figures assombries, regards menaçants, bouches prêtes aux reproches, en même temps qu'une critique inquiète dénigre l'action des armées et « qu'il n'est si mince goujat qui ne sache corriger les fautes d'Amilcar[4] ». Certes, il se trouve des ministres pour soutenir les généraux dans un revers

4. Flaubert, *Salammbô*, chapitre 9.

momentané. « Un échec n'est pas un crime, écrit Carnot à Hoche malheureux à Kaiserslautern. C'est par leurs efforts que nous jugeons les hommes et non par les événements[5]. » Après la bataille des frontières rien ne vient de Paris, non plus que de Bordeaux[6], gêner Joffre dans ses décisions. Maintes fois, des chefs malheureux continrent assez bien leurs griefs pour ne récriminer point contre le pouvoir politique : « J'ai perdu la bataille », télégraphie stoïquement Mac-Mahon, le soir de Frœschwiller. Cependant il arrive aussi qu'on en vienne aux reproches et aux sommations : « J'attribue votre décision à une véritable panique », dit Freycinet à d'Aurelle qui évacue Orléans[7]. Crispi, bourrelé d'inquiétudes, écrit avant Adoua au général Baratieri[8] : « Ce n'est point une guerre que vous faites, c'est une plaisanterie militaire ! Que ne suis-je auprès de vous pour vous donner des conseils ! »

5. Du 28 au 30 novembre 1793, l'armée de Moselle commandée par Hoche fut vaincue dans le Palatinat par les Prussiens du duc de Brunswick.

6. Le gouvernement Viviani se replia à Bordeaux du 3 septembre au 8 décembre 1914, laissant la capitale au gouvernement militaire du général Gallieni.

7. Charles de Freycinet (1828-1923) était délégué à la Guerre dans le gouvernement de la Défense nationale en 1870-1871. Le général Louis d'Aurelle de Paladines (1804-1877) commanda l'armée de la Loire en novembre et décembre 1870 et fit évacuer Orléans devant l'armée prussienne le 4 décembre.

8. Francesco Crispi (1819-1901) fut pour la seconde fois président du Conseil du royaume d'Italie de décembre 1893 à juin 1896. Il lança l'Italie dans une tentative de conquête militaire de l'Abyssinie où les troupes italiennes, commandées par le général Oreste Baratieri (1841-1901), subirent une défaite catastrophique devant l'armée du Négus, à Adoua, le 1er mars 1896.

Malgré tout, l'empire sur soi, le patriotisme empêchent souvent les rivaux d'en venir aux extrémités. Mais, parfois aussi, un certain degré de péril public porte à ce point les passions qu'elles brisent les digues. Bouleversés par la crise, le politique et le soldat trouvent soudain insupportable cette dépendance réciproque dont ils se voient enchaînés. L'ambition de dominer, qui anime ces perpétuels aspirants à la puissance et qui est leur aiguillon, leur grandeur et leur souffrance, les emporte jusqu'au conflit. Face à l'action dont ils s'enivrent, chacun prétend être seul à l'étreindre. Tantôt l'homme d'Etat envahit le domaine du commandement et, d'autorité, dicte la stratégie. Tantôt le guerrier, abusant de sa force, dégrade les pouvoirs publics. Mais le triomphe d'un des partenaires c'est la paralysie pour l'autre. Voilà rompu l'équilibre, bafoué l'ordre, écrasés les ressorts. L'action, désormais, tourne à l'incohérence. Le désastre accourt.

Telle est cette confusion des droits et des devoirs où se débat la France de 1793. Depuis la mort du roi, Dumouriez et la Convention sont en lutte latente. Après Neerwinden[9], ils en viennent au choc. Le commandant en chef et le représentant s'affrontent sur l'escalier du quartier général[10] : « Vous n'êtes plus général ! Nous ordonnons qu'on vous arrête ! – Hussards ! Empoignez-moi ces gens ! » Dumouriez réduit à la fuite, l'Assemblée délègue aux armées des

9. Défaite des troupes de Dumouriez le 18 mars 1793 devant l'armée autrichienne commandée par le prince de Cobourg.

10. Le 2 avril 1793, la Convention envoya le ministre de la Guerre Beurnonville et quatre commissaires pour suspendre et arrêter Dumouriez. Celui-ci se réfugia auprès des Autrichiens.

commissaires munis de pleins pouvoirs. Cette disposition ne fut pas sans avantages, favorisant l'élévation rapide d'officiers dont le mérite était éclatant, permettant en certains cas de procurer aux troupes, sans délai ni intermédiaires, tout ce dont les laissait manquer une administration défaillante. Plusieurs commissaires, tels Carnot, Dubois-Crancé[11], comprirent leur rôle. Mais d'autres, faisant subir aux chefs le chantage de la guillotine, se mêlèrent directement aux plans militaires, quitte à laisser aux généraux la responsabilité des échecs. Le résultat de cette ingérence fut un indescriptible désordre, jusqu'à ce qu'en septembre 1793 Carnot eût pris la direction de la guerre au Comité de salut public.

Sans doute, l'oppression ne revêt qu'exceptionnellement un pareil tour de brutalité. Mais, même sans violences, ses effets risquent d'être désastreux. On sait qu'en 1870 une intervention directe du gouvernement de la Régence[12] dans les opérations contraignit le maréchal de Mac-Mahon à la marche sur Sedan et entraîna la défaite. Il est vrai que dans la circonstance un simple refus du commandant en chef eût mieux servi la patrie que sa résignation. « Le général qui tient à sa gloire, écrit Marmont[13], s'affranchit dans ses opérations d'une dépendance absolue. Qu'on renonce à le contrarier ou qu'on lui retire le commandement ! »

---

11. Edmond Louis Alexis Dubois-Crancé (1747-1814), député à la Convention, fut commissaire à l'armée du Midi puis à l'armée des Alpes.

12. Le gouvernement de l'impératrice régente était présidé depuis le 9 août 1870 par le général Cousin-Montauban, comte de Palikao, qui était aussi ministre de la Guerre.

13. Auguste Frédéric Louis Viesse de Marmont, duc de Raguse (1774-1852), maréchal du Premier Empire et de la Restauration.

Encore est-il nécessaire qu'il ait lui-même un plan assez net pour soutenir sa fermeté. Rien ne provoque davantage l'ingérence d'en haut que le manque d'assurance d'en bas. Si Napoléon III prétend diriger de Paris le siège de Sébastopol, l'incertitude de Canrobert en est la première cause ; tout rentre dans l'ordre avec Pélissier[14]. Si la délégation de Tours[15] règle d'office les mouvements des corps de l'armée de la Loire autour d'Orléans, au grand dommage de sa cohésion, la passivité du général d'Aurelle ouvre la porte à cet abus ; on n'agit pas de la sorte avec Chanzy[16] ni avec Faidherbe[17].

Il est arrivé, au contraire, qu'un commandement militaire arrachât leurs pouvoirs à la faiblesse des gouvernants. En février 1917, Hindenburg et Ludendorff, épousant la querelle de Tirpitz[18], imposent à Bethmann-Hollweg la déclaration de guerre sous-

---

14. Voir note 4, p. 64.

15. Le gouvernement de la Défense nationale, ayant choisi de rester dans Paris assiégé par les Prussiens, envoya à Tours en septembre 1870 une délégation sous les ordres du ministre de la Justice Adolphe Crémieux.

16. Le général Alfred Chanzy (1823-1883) remplaça le général d'Aurelle de Paladines le 6 décembre 1870 à la tête de la 2e armée de la Loire.

17. Le général Louis Faidherbe (1818-1889) commandait l'armée du Nord avec laquelle il remporta les victoires de Pont-Noyelles et de Bapaume.

18. Alfred von Tirpitz (1849-1930) fut secrétaire d'Etat à la Marine de 1887 à 1916 et Grand Amiral de la flotte de guerre allemande à partir de 1911. Il fut l'artisan de la construction de celle-ci et partisan de disputer la suprématie maritime à la Grande-Bretagne. A partir de 1915, lorsqu'il fut clair que cet objectif restait illusoire, des tensions montèrent entre le Kaiser et lui et amenèrent sa démission le 15 mars 1916.

marine renforcée qui va pousser l'Amérique dans le conflit et ruiner de fond en comble la politique du chancelier. D'ailleurs, le Grand Quartier allemand ne s'arrête pas en chemin ; c'est en toutes matières de législation, d'administration, de diplomatie qu'il s'arroge, en fait, la décision. Bien plus, il intervient dans le choix des ministres, noue avec des parlementaires une vaste intrigue qui oblige l'Empereur à renvoyer Bethmann, soumet les successeurs : Michaelis et Hertling[19], à son investiture et à son contrôle. On sait quelles conséquences entraîna cette mise en tutelle. Quand les revers eurent ébranlé le haut commandement, il y eut tout à coup carence de l'autorité et l'on vit un peuple vaillant s'abîmer dans le désespoir d'où le tira, juste à temps, un armistice précipité.

Ces empiétements, toutefois, ne se seraient pas produits si le pouvoir politique allemand, conscient de son droit suprême et assuré dans ses projets, avait refusé son propre abaissement ; Bismarck ne se fût point laissé faire. Politiques ou soldats, les meilleurs serviteurs de l'Etat sont rarement les plus plastiques. Il faut que les maîtres aient des âmes de maîtres, et c'est un calcul bien mauvais que d'écarter de la puissance les caractères accusés sous prétexte qu'ils sont difficiles. Moyennant des commodités dans les rapports immédiats, on risque de tout perdre quand les grands jours sont venus.

---

19. Georg Michaelis (1857-1936) fut chancelier de l'Empire allemand de juillet à octobre 1917, Georg von Hertling (1843-1919) de novembre 1917 à septembre 1918.

III

Quelquefois, allant au plus simple, des peuples s'en remirent du soin de conduire leur politique et leurs armées au gré et à la fortune d'un seul homme. Alexandre, roi et général, conquiert l'Asie en dix années. Rome, dans les grands périls, institue la dictature. Frédéric II forge l'Etat, dirige la diplomatie et mène les troupes de façon que tout concoure au dessein qu'il s'est formé. Napoléon apporte un génie égal à l'art militaire et au gouvernement. Il faut convenir que cette disposition conféra maintes fois à l'effort guerrier une vigueur singulière. Mais elle eut des revers cruels. On lui doit Waterloo après Austerlitz. Pour peu que défaille le chef, elle aboutit à Sedan.

Au reste, il s'agit là de faits et d'hommes d'exception. Contre la discordance d'un gouvernement et d'un commandement coexistants, discordance vieille comme la guerre, c'est-à-dire comme le monde, la sagesse des nations voudrait trouver des remèdes. Aujourd'hui même, on en propose. Ces rapports si difficiles ne peut-on les régler ? De l'action menée en commun pourquoi ne pas faire deux parts et, pour assurer l'ordre, établir quelque système qu'au besoin consacrerait la loi ? Non ! car, en vérité, si les deux domaines se distinguent, on ne saurait les séparer. Certes, la conduite de la guerre appartient à l'homme d'Etat, les opérations sont le fait du militaire. Mais où chacun doit-il s'arrêter ? Dans quelle mesure la stratégie et la politique réagiront-elles l'une sur l'autre ? Laquelle devra s'étendre et laquelle se restreindre ?

Cela ne peut être prescrit d'avance, ni même défini. Les circonstances, tout d'abord, y mettent leur mobile empreinte : institutions nationales, état de l'opinion, caractère de la lutte, nature des moyens et cent autres conditions du moment qui font varier du tout au tout l'organisation convenable. Encore la personnalité des hommes en fonctions est-elle un élément capital de l'affaire. Il n'est que de considérer de quelles manières très diverses le jeu fut mené en plusieurs occasions, sanctionnées par la victoire, pour bien voir comment le talent plie à son usage et aux circonstances la doctrine et les procédés et qu'on n'enchaîne pas par des formules les contingences de l'action. Louvois qui, sous l'égide d'un souverain impérieux, exerce pendant trente années les fonctions de secrétaire d'Etat, n'est, en droit, chargé que des armées, mais fort de la confiance du roi, de ses talents supérieurs et d'une prodigieuse capacité de travail, il met à profit l'enchevêtrement des affaires militaires avec les autres pour les tirer toutes à lui. D'accord avec l'esprit de l'Ancien Régime, il fait de la guerre, littéralement, un prolongement de la politique. Grâce à lui, celle-ci ne se contente pas de tracer aux soldats les buts qu'ils doivent atteindre et non dépasser et de leur mesurer une stricte dépense, mais dans l'exécution même elle ne les quitte d'un pas, éclairant chacun de leurs coups et les chargeant de servitudes. Cependant, Louvois garde avec les grands chefs un étroit contact et s'inspire de leur avis. Ainsi Turenne, Vauban, Luxembourg, Créqui ; plus tard Vendôme, Catinat, Villars viennent au Conseil indiquer et justifier leurs vues. Pendant l'exécution ils formulent leurs demandes, voire leurs critiques, avec une extrême liberté qu'adoucit, sans la restreindre, la courtoisie de ce siècle.

C'est dans des conditions différentes, et par suite d'une autre manière, que Carnot accomplit sa tâche. Lorsqu'au mois d'août 1793, il entre au Comité de salut public, le désordre est tel qu'on n'y peut remédier que par la dictature. Le « délégué à la Guerre » va l'exercer en tout ce qui relève de lui : levées d'hommes, réquisitions, répartition des moyens, choix des chefs, coordination des opérations entre les différentes armées. Il en décide seul, assez fort de ses connaissances préalables aussi bien que de sa valeur pour se tenir lui-même comme le meilleur juge. Mais il ne se borne pas à conduire la guerre de haut et de loin. Il guide dans l'exécution les généraux improvisés. Non point qu'il force leur décision et leur prescrive, dans chaque cas particulier, la conduite à tenir : « Fais ce que tu crois devoir faire, écrit-il à Jourdan après Wattignies[20], le Comité n'exige que la connaissance de tes projets. » Mais il leur indique les règles générales d'action propres aux moyens mis en œuvre et aux circonstances. Après chaque affaire il fait la critique, distribuant l'éloge ou le blâme. En même temps, il impose aux armées l'organisation divisionnaire qui les porte, comme naturellement, à la stratégie et à la tactique voulues. Bref, laissant aux chefs militaires la liberté nécessaire, il les instruit, les aide et les pousse.

---

20. Jean-Baptiste Jourdan (1762-1833), alors général commandant l'armée du Nord, remporta les 15 et 16 octobre 1793 la victoire de Wattignies sur les troupes autrichiennes du prince de Cobourg.

L'homme d'Etat qui bâtit, au siècle dernier, l'édifice de l'unité allemande, exerce sur l'instrument militaire de sa politique une domination beaucoup moins rigoureuse. Bismarck, sans doute, dirige – et avec quelle vigueur ! – le gouvernement de la Prusse, avant tout la politique extérieure, et fixe les conditions générales dans lesquelles se déroulent les trois guerres d'où sort l'Empire allemand. En outre, il favorise de tout son pouvoir l'œuvre d'organisation militaire commencée par Guillaume Ier en 1860, force à ce sujet la résistance du Parlement, soutient à fond Roon[21], ministre de la Guerre, et, après 1866, oblige les Etats du Sud à signer avec la Prusse une convention qui met leurs troupes sous les ordres du roi au cas où la France déclarerait la guerre. Enfin, il entraîne l'opinion et inspire la presse de telle sorte qu'à l'heure voulue la volonté du peuple unanime soutienne les armes des soldats. Mais, ces armes, il n'a pas eu à les forger. Par une exceptionnelle rencontre il les trouve, à point nommé, prêtes à jouer leur rôle aux mains d'un chef aux talents étendus et certains.

L'organisation des pouvoirs dans la monarchie prussienne place le chef d'Etat-Major général, sur le même rang que le chancelier vis-à-vis du roi. Dans le cadre politique qu'a tracé Bismarck, c'est Moltke seul qui est chargé de toute la tâche militaire. C'est lui qui arrête, à son gré, le plan des opérations et qui l'exécute. Le ministre se garde d'empiéter. Inversement,

---

21. Le général Albrecht von Roon (1803-1879), ministre de la Guerre de 1859 à 1873, réalisa malgré de fortes oppositions politiques une réforme complète de l'armée allemande.

Moltke respecte avec scrupule le domaine qui n'est pas le sien. Après Kœnigsraetz[22], sur l'opposition de Bismarck, il renonce à poursuivre la lutte. A Sedan pour la reddition de l'Empereur, à Metz pour les négociations avec Bazaine, à Paris pour les conditions de l'armistice, il ne fait rien sans s'être, au préalable, mis d'accord avec le ministre.

Cependant, ce même système de division des pouvoirs qui, pratiqué par Bismarck et Moltke, avait donné de si prodigieux résultats, conduisit l'Allemagne, pendant la Grande Guerre, dans des circonstances différentes et avec d'autres personnalités, aux discordes que l'on sait.

En même temps, le caractère très variable des phases du conflit déterminait le gouvernement et le commandement français à modifier à plusieurs reprises l'économie de leurs rapports. Au début de la lutte, la collaboration est des plus simples, car le sort du pays ne dépend que des opérations. La conduite de la guerre est donc bornée au travail diplomatique pour nous procurer des alliances nouvelles, nous ménager de futurs concours, et à l'action morale en faveur de l'union sacrée. Mais, quant au reste, la guerre se confond avec la bataille. Le jeu des pouvoirs publics en est changé de fond en comble. Sans qu'intervienne aucune loi ni qu'éclate une révolution, le caractère de crise brutale que revêt la guerre de mouvement confère au commandement militaire la plupart des attributs propres au gouvernement.

---

22. Autre nom de la bataille de Sadowa, victoire prussienne sur les Autrichiens le 3 juillet 1866.

Mais celui-ci, les fronts une fois fixés, repasse au premier plan. C'est le peuple qu'il faut mettre en œuvre. Lever des effectifs, mobiliser l'industrie, administrer le moral des citoyens, s'accorder avec les Alliés, telle est, dès lors, la grande affaire. L'extension du conflit nous détermine à porter sur de nouveaux théâtres d'opérations des forces dont il revient au pouvoir central de prescrire l'envoi et de fixer la mission. Le concours croissant de la marine doit être lié à l'ensemble. Il faut tirer des colonies des hommes et des matières, résoudre mille problèmes enchevêtrés d'approvisionnement, de transport, de crédit. Du même coup, se resserre la mutuelle dépendance de la direction de la guerre et des opérations. La nécessité de limiter les pertes d'hommes tient en lisières la stratégie. Les fabrications de l'industrie ont pour conséquence une tactique de matériel. L'état moral de l'armée dépend de celui du peuple.

La dernière phase de la guerre amène une nouvelle répartition des droits et des devoirs. Par le tour décisif que revêtent les combats, l'art des soldats n'a plus à prendre conseil que de lui-même. Tout doit être subordonné aux exigences des opérations. Les gouvernements le comprennent si bien qu'ils se dépouillent en faveur d'un chef militaire d'une partie capitale de leur rôle, à savoir : coordonner l'action de leurs armées. Pour la France, dont l'existence dépend immédiatement de la bataille en cours, la conduite de la guerre consiste par-dessus tout à maintenir la volonté nationale à la hauteur du péril. La plus juste gloire consacre l'homme d'Etat qui sut s'y employer sans ménager rien.

IV

Ainsi, quelque satisfaction d'ordre logique que trouverait l'esprit – surtout celui des Français –, dans un règlement détaillé des rapports entre le gouvernement et le commandement pour le temps de guerre, il est sage de s'en passer. L'action, ce sont des hommes au milieu des circonstances. Après avoir fait aux principes la révérence qui convient, il faut laisser ces hommes tirer de leur propre fonds la conduite à tenir dans chaque cas particulier. Peut-être même, comme dit M. Painlevé[23], « les difficultés seraient-elles accrues si, prétendant prévoir les complexités changeantes des événements, on voulait ligoter par des prescriptions étroites la liberté d'action des responsables ».

Est-ce à dire que les soldats et les politiques doivent s'en remettre au hasard du soin de les inspirer et qu'ils n'aient rien à faire pour se préparer à l'éventuel devoir ? Ce serait négliger l'essentiel, à savoir la formation des personnalités en vue d'une sorte d'épreuve où, précisément, tout dépend d'elles. Or, cette formation, de nos jours, ne va plus d'elle-même. D'autres époques l'avaient assurée par un régime social et politique qui mêlait dans les familles et dans les conseils toutes les sortes de serviteurs de l'Etat. Le patriciat romain fournissait aux charges publiques, civiles aussi bien que militaires, sans y faire de

23. En 1932, année de parution du *Fil de l'épée*, Paul Painlevé était ministre de l'Air, après avoir été ministre de la Guerre en 1917 et de 1925 à 1929.

distinction. La Prusse, jusqu'à la fin du siècle dernier, tirait ses ministres, ses hauts fonctionnaires et ses généraux de la même caste des hobereaux terriens. Dans l'ancienne monarchie française, la noblesse, quoique tenue par le roi à l'écart de l'administration, ne laissait point, pourtant, de connaître des grandes affaires, tout en prodiguant ses fils à l'armée. Au reste, le souverain, personnifiant tous les pouvoirs, symbolisait leur harmonie. Il résultait de cette perpétuelle osmose une compréhension réciproque de la toge et des armes qui n'est plus dans l'esprit du temps.

C'est qu'en effet le train des choses d'aujour-d'hui ne met guère les politiques et les soldats dans le cas de s'exercer à l'action commune, ni même de se bien connaître. La vie de l'homme public a des obligations si complexes et si pressées qu'elle décourage le goût et ôte le loisir des penseurs qui n'ont point d'objet immédiat, et l'existence militaire, pour ce qu'elle a de rigide et de solitaire, prend peu de jour sur le forum. Ce n'est pas qu'obscurément les guides du peuple et les chefs des troupes ne ressentent comme une sorte de mutuelle attirance. En se voyant haler sans répit, le long des rives opposées du fleuve, la nef de leurs ambitions, ces passionnés d'autorité éprouvent les uns pour les autres la sourde estime des forts pour les forts. Mais quoi ? Ils demeurent sur la grève. Leurs désirs, leurs soucis, leurs actes ont trop peu de ressemblance pour qu'il leur vienne, d'habitude, le mouvement de se rapprocher. Ils n'en trouvent point, d'ailleurs, l'occasion, sauf en quelques commissions ou conférences où les guerriers, qualifiés d'« experts », s'en tiennent à leur technique, et dans les cérémonies publiques où chacun à son rang entend les discours ou suit les funérailles.

On pourrait concevoir, il est vrai, qu'un Etat prévoyant voulût préparer une élite politique, administrative et militaire, par des études faites en commun, à diriger, le cas échéant, l'effort guerrier de la nation. Outre de plus grandes chances d'accord entre les différents pouvoirs, dans le cas d'un conflit, une telle institution aurait, sans doute, l'avantage d'éclairer en temps de paix les discussions et les lois qui concernent la puissance militaire du pays. Car il est de fait qu'en la matière, et faute d'une doctrine établie d'après la figure morale et physique de la France, nous procédons, trop fréquemment, comme un peuple né d'hier.

Mais les hautes vues, la sagesse suprême d'où procède l'entente du soldat et du politique, ils ne les tireront d'une science apprise pas plus que d'un règlement. C'est d'intuition qu'il s'agit et de caractère, que nul décret, nul enseignement ne sauraient inspirer, mais bien le don, la réflexion et, surtout, cette ardeur latente à jouer le rôle d'où sortent les puissantes capacités. Car, en dernier ressort, c'est là qu'on doit en venir : on ne fait rien de grand sans de grands hommes, et ceux-ci le sont pour l'avoir voulu. Disraeli s'accoutumait dès l'adolescence à penser en Premier ministre. Dans les leçons de Foch, encore obscur, transparaissait le généralissime.

Que les politiques et les soldats veuillent donc, malgré les servitudes et préjugés contradictoires, se faire au-dedans la philosophie qui convient et l'on reverra, s'il le faut, de belles harmonies. Certes, il importe peu que s'y essaient les médiocres, qui chercheraient dans les difficultés à s'en garantir plutôt qu'à les dominer. Mais, puissent être hantés d'une telle ardeur les ambitieux de premier rang – artistes de l'effort et levain de la pâte –, qui ne voient à la vie d'autre raison que d'imprimer leur marque aux événements et qui, de la rive où les fixent les jours ordinaires, ne rêvent qu'à la houle de l'Histoire ! Ceux-là, en dépit du tumulte et des illusions du siècle, qu'ils ne s'y laissent pas tromper : il n'y a pas dans les armes de carrière illustre qui n'ait servi une vaste politique, ni de grande gloire d'homme d'Etat que n'ait dorée l'éclat de la défense nationale.

Table

collection tempus
Perrin

DÉJÀ PARU

210. *La vie mondaine sous le nazisme* – Fabrice d'Almeida.
211. *Comment naissent les révolutions.*
212. *Comprendre la Chine d'aujourd'hui* – Jean-Luc Domenach.
213. *Le second Empire* – Pierre Miquel.
214. *Les papes en Avignon* – Dominique Paladilhe.
215. *Jean Jaurès* – Jean-Pierre Rioux.
216. *La Rome des Flaviens* – Catherine Salles.
217. *6 juin 44* – Jean-Pierre Azéma, Philippe Burrin, Robert O. Paxton.
218. *Eugénie, la dernière impératrice* – Jean des Cars.
219. *L'homme Robespierre* – Max Gallo.
220. *Les Barbaresques* – Jacques Heers.
221. *L'élection présidentielle en France, 1958-2007* – Michel Winock.
222. *Histoire de la Légion étrangère* – Georges Blond.
223. *1 000 ans de jeux Olympiques* – Moses I. Finley, H. W. Pleket.
224. *Quand les Alliés bombardaient la France* – Eddy Florentin.
225. *La crise des années 30 est devant nous* – François Lenglet.
226. *Le royaume wisigoth d'Occitanie* – Joël Schmidt.
227. *L'épuration sauvage* – Philippe Bourdrel.
228. *La révolution de la Croix* – Alain Decaux.
229. *Frédéric de Hohenstaufen* – Jacques Benoist-Méchin.
230. *Savants sous l'Occupation* – Nicolas Chevassus-au-Louis.
231. *Moralement correct* – Jean Sévillia.
232. *Claude Lévi-Strauss, le passeur de sens* – Marcel Hénaff.
233. *Le voyage d'automne* – François Dufay.
234. *Erbo, pilote de chasse* – August von Kageneck.
235. *L'éducation des filles en France au XIXe siècle* – Françoise Mayeur.
236. *Histoire des pays de l'Est* – Henry Bogdan.
237. *Les Capétiens* – François Menant, Hervé Martin, Bernard Merdrignac, Monique Chauvin.
238. *Le roi, l'empereur et le tsar* – Catrine Clay.
239. *Neanderthal* – Marylène Patou-Mathis.
240. *Judas, de l'Évangile à l'Holocauste* – Pierre-Emmanuel Dauzat.

241. *Le roman vrai de la crise financière* – Olivier Pastré, Jean-Marc Sylvestre.
242. *Comment l'Algérie devint française* – Georges Fleury.
243. *Le Moyen Âge, une imposture* – Jacques Heers.
244. *L'île aux cannibales* – Nicolas Werth.
245. *Policiers français sous l'Occupation* – Jean-Marc Berlière.
246. *Histoire secrète de l'Inquisition* – Peter Godman.
247. *La guerre des capitalismes aura lieu* – Le Cercle des économistes (dir. Jean-Hervé Lorenzi).
248. *Les guerres bâtardes* – Arnaud de La Grange, Jean-Marc Balencie.
249. *De la croix de fer à la potence* – August von Kageneck.
250. *Nous voulions tuer Hitler* – Philipp Freiherr von Boeselager.
251. *Le soleil noir de la puissance, 1796-1807* – Dominique de Villepin.
252. *L'aventure des Normands, VIIIe-XIIIe siècle* – François Neveux.
253. *La spectaculaire histoire des rois des Belges* – Patrick Roegiers.
254. *L'islam expliqué par* – Malek Chebel.
255. *Pour en finir avec Dieu* – Richard Dawkins.
256. *La troisième révolution américaine* – Jacques Mistral.
257. *Les dernières heures du libéralisme* – Christian Chavagneux.
258. *La Chine m'inquiète* – Jean-Luc Domenach.
259. *La religion cathare* – Michel Roquebert.
260. *Histoire de la France*, tome I, *1900-1930* – Serge Berstein, Pierre Milza.
261. *Histoire de la France*, tome II, *1930-1958* – Serge Berstein, Pierre Milza.
262. *Histoire de la France*, tome III, *1958 à nos jours* – Serge Berstein, Pierre Milza.
263. *Les Grecs et nous* – Marcel Detienne.
264. *Deleuze* – Alberto Gualandi.
265. *Le réenchantement du monde* – Michel Maffesoli.
266. *Spinoza* – André Scala.
267. *Les Français au quotidien, 1939-1949* – Éric Alary, Bénédicte Vergez-Chaignon, Gilles Gauvin.
268. *Teilhard de Chardin* – Jacques Arnould.
269. *Jeanne d'Arc* – Colette Beaune.
270. *Crises, chaos et fins de monde.*
271. *Auguste* – Pierre Cosme.
272. *Histoire de l'Irlande* – Pierre Joannon.

273. *Les inconnus de Versailles* – Jacques Levron.
274. *Ils ont vécu sous le nazisme* – Laurence Rees.
275. *La nuit au Moyen Âge* – Jean Verdon.
276. *Ce que savaient les Alliés* – Christian Destremau.
277. *François Ier* – Jack Lang.
278. *Alexandre le Grand* – Jacques Benoist-Méchin.
279. *L'Égypte des Mamelouks* – André Clot.
280. *Les valets de chambre de Louis XIV* – Mathieu Da Vinha.
281. *Les grands sages de l'Égypte ancienne* – Christian Jacq.
282. *Armagnacs et Bourguignons* – Bertrand Schnerb.
283. *La révolution des Templiers* – Simonetta Cerrini.
284. *Les crises du capitalisme.*
285. *Communisme et totalitarisme* – Stéphane Courtois.
286. *Les chasseurs noirs* – Christian Ingrao.
287. *Averroès* – Ali Benmakhlouf.
288. *Les guerres préhistoriques* – Lawrence H. Keeley.
289. *Devenir de Gaulle* – Jean-Luc Barré.
290. *Lyautey* – Arnaud Teyssier.
291. *Fin de monde ou sortie de crise ?* – Le Cercle des économistes (dir. Pierre Dockès et Jean-Hervé Lorenzi).
292. *Madame de Montespan* – Jean-Christian Petitfils.
293. *L'extrême gauche plurielle* – Philippe Raynaud.
294. *La guerre d'indépendance des Algériens* (prés. Raphaëlle Branche).
295. *La France de la Renaissance* – Arlette Jouanna.
296. *Verdun 1916* – Malcolm Brown.
297. *Lyotard* – Alberto Gualandi.
298. *Catherine de Médicis* – Jean-François Solnon.
299. *Le XXe siècle idéologique et politique* – Michel Winock.
300. *L'art nouveau en Europe* – Roger-Henri Guerrand.
301. *Les salons de la IIIe République* – Anne Martin-Fugier.
302. *Lutèce* – Joël Schmidt.
303. *Les aventurières de Dieu* – Elisabeth Dufourcq.
304. *Chiisme et politique au Moyen-Orient* – Laurence Louër.
305. *La chute ou l'Empire de la solitude 1807-1814* – Dominique de Villepin.
306. *Louis II de Bavière* – Jean des Cars.
307. *L'Égypte des grands pharaons* – Christian Jacq.
308. *La Deuxième Guerre mondiale* – John Keegan.

309. *Histoire du libertinage* – Didier Foucault.
310. *L'affaire Cicéron* – François Kersaudy.
311. *Les Gaulois contre les Romains* – Joël Schmidt.
312. *Le soufre et le moisi* – François Dufay.
313. *Histoire des Étrusques* – Jean-Marc Irollo.
314. *Le plaisir au Moyen Âge* – Jean Verdon.
315. *Cro Magnon* – Marcel Otte.
316. *La ligne de démarcation* – Éric Alary.
317. *Histoires de Berlin* – Bernard Oudin, Michèle Georges.
318. *Histoire de l'armée allemande* – Philippe Masson.
319. *La guerre de Cent Ans* – Georges Minois.
320. *La santé de Louis XIV* – Stanis Perez.
321. *La mémoire des pieds-noirs* – Joëlle Hureau.
322. *Pascal* – Francesco Paolo Adorno.
323. *Dictionnaire culturel de la Bible.*
324. *Levinas* – François-David Sebbah.
325. *Histoire de la réforme protestante* – Bernard Cottret.
326. *Chronologie commentée de la Seconde Guerre mondiale* – André Kaspi.
327. *Chronologie commentée du Moyen Âge français* – Laurent Theis.
328. *Histoire de l'ordre de Malte* – Bertrand Galimard Flavigny.
329. *Histoire ignorée de la marine française* – Étienne Taillemite.
330. *Erich von Manstein* – Benoît Lemay.
331. *L'argent des Français* – Jacques Marseille.
332. *Leclerc* – Jean-Christophe Notin.
333. *Radio Londres* – Aurélie Luneau.
334. *Louis XII* – Didier Le Fur.
335. *Le chouan du Tyrol* – Jean Sévillia.
336. *Cléopâtre* – Jacques Benoist-Méchin.
337. *Les noirs américains* – Nicole Bacharan.
338. *Que sont les grands hommes devenus ?* – Jacques Julliard.
339. *La cour de Versailles aux XVIIe et XVIIIe siècles* – Jacques Levron.
340. *Simon de Montfort* – Michel Roquebert.
341. *Les deux terres promises* – Michel Abitbol.
342. *Histoire des instituteurs et des professeurs* – Béatrice Compagnon, Anne Thévenin.
343. *Baudouin IV de Jérusalem* – Pierre Aubé.
344. *Monet* – Pascal Bonafoux.
345. *La moisson des dieux* – Jean-Jacques Fiechter.

346. *La Terre est plate* – Thomas L. Friedman.
347. *La société d'indifférence* – Alain-Gérard Slama.
348. *Gaston Fébus* – Claudine Pailhès.
349. *La France perd la mémoire* – Jean-Pierre Rioux.
350. *Mémoires accessoires,* tome I, *1921-1946* – Philippe de Gaulle.
351. *Mémoires accessoires,* tome II, *1946-1982* – Philippe de Gaulle.
352. *11 novembre 1942, l'invasion de la zone libre* – Eddy Florentin.
353. *L'homme du* Monde, *la vie d'Hubert Beuve-Méry* – Laurent Greilsamer.
354. *Staline, la cour du tsar rouge,* tome I, *1929-1941* – Simon Sebag Montefiore.
355. *Staline, la cour du tsar rouge,* tome II, *1941-1953* – Simon Sebag Montefiore.
356. *Le 18 Brumaire* – Thierry Lentz.
357. *Louis XVI,* tome I, *1754-1786* – Jean-Christian Petitfils.
358. *Louis XVI,* tome II, *1786-1793* – Jean-Christian Petitfils.
359. *Histoire de la cuisine et de la gastronomie françaises* – Patrick Rambourg.
360. *L'Amérique des néo-conservateurs, l'illusion messianique* – Alain Frachon, Daniel Vernet.
361. *Du fascisme* – Pascal Ory.
362. *Histoire de la gendarmerie* – Éric Alary.
363. *Clemenceau* – Michel Winock.
364. *Le modèle suisse* – François Garçon.
365. *Une journée dans l'affaire Dreyfus, « J'accuse », 13 janvier 1898* – Alain Pagès.
366. *Ribbentrop* – Michael Bloch.
367. *Voyage au cœur de l'OAS* – Olivier Dard.
368. *Splendeurs et misères du fait divers* – Louis Chevalier.
369. *Christianisme et paganisme du IVe au VIIIe siècle* – Ramsay MacMullen.
370. *Mihailović, héros trahi par les Alliés (1893-1946)* – Jean-Christophe Buisson.
371. *La guerre civile européenne. National-socialisme et bolchevisme, 1917-1945* – Ernst Nolte.
372. *Rome et Jérusalem* – Martin Goodman.
373. *La chute de Saigon* – Olivier Todd.

374. *Les secrets du Vatican* – Bernard Lecomte.
375. *Madame de Staël* – Ghislain de Diesbach.
376. *L'irrésistible ascension de l'argent* – Niall Ferguson.
377. *Erwin Rommel* – Benoît Lemay.
378. *Histoire des Espagnols*, tome II – Bartolomé Bennassar.
379. *Les généraux allemands parlent* – Basil H. Liddell Hart.
380. *Google et le nouveau monde* – Bruno Racine.
381. *Histoire de France* – Jacques Bainville.
382. *Après le déluge* – Nicolas Baverez.
383. *Histoires de la Révolution et de l'Empire* – Patrice Gueniffey.
384. *Mille ans de langue française*, tome I, *Des origines au français moderne* – Alain Rey, Frédéric Duval, Gilles Siouffi.
385. *Mille ans de langue française*, tome II, *Nouveaux destins* – Alain Rey, Frédéric Duval, Gilles Siouffi.
386. *Juliette Gréco, une vie en liberté* – Bertrand Dicale.
387. *Le grand jeu de dupes* – Gabriel Gorodetsky.
388. *Des cendres en héritage. L'histoire de la CIA* – Tim Weiner.
389. *La Bastoche. Une histoire du Paris populaire et criminel* – Claude Dubois.
390. *Les Mitterrand* – Robert Schneider.
391. *L'étrange voyage de Rudolf Hess* – Martin Allen.
392. *Le monde post-américain* – Fareed Zakaria.
393. *Enquête sur les béatifications et les canonisations* – Yves Chiron.
394. *Histoire des paradis* – Pierre-Antoine Bernheim, Guy Stavridès.
395. *Margaret Thatcher* – Jean-Louis Thiériot.
396. *L'art de la guerre* – Nicolas Machiavel.
397. *Caligula* – Pierre Renucci.
398. *L'épopée du Normandie-Niémen* – Roland de la Poype.
399. *Stefan Zweig* – Dominique Bona.
400. *Louise de La Vallière* – Jean-Christian Petitfils.
401. *La saga des Grimaldi* – Jean des Cars.
402. *Jacques Pilhan, le sorcier de l'Élysée* – François Bazin.
403. *François-Joseph* – Jean-Paul Bled.
404. *La gauche à l'épreuve 1968-2011* – Jean-Pierre Le Goff.
405. *La vie élégante* – Anne Martin-Fugier.
406. *Le mur de Berlin* – Frederick Taylor.
407. *Naissance de la police moderne* – Jean-Marc Berlière.
408. *La guerre du Mexique* – Alain Gouttman.
409. *Les conflits du Proche-Orient* – Xavier Baron.

410. *L'Action française* – François Huguenin.
411. *Le duel, une passion française* – Jean-Joël Jeanneney.
412. *La bataille de Moscou* – Andrew Nagorski.
413. *Jean-Jacques Rousseau* – Monique et Bernard Cottret.
414. *Louis Massignon* – Christian Destremau, Jean Moncelon.
415. *Histoire politique de la Ve République* – Arnaud Teyssier.
416. *Le peuple de la nuit* – Diana Cooper-Richet.
417. *François-Ferdinand d'Autriche* – Jean-Louis Thiériot.
418. *Les dossiers secrets du XXe siècle* – Alain Decaux.
419. *Histoire de la papauté* – Yves Bruley.
420. *Anti*-Prince – François Sauzey.
421. *Jeanne d'Arc, vérités et légendes* – Colette Beaune.
422. *Heydrich et la solution finale* – Édouard Husson.
423. *Sainte Geneviève* – Joël Schmidt.
424. *Malesherbes* – Jean des Cars.
425. *Histoire de la Méditerranée* – John Julius Norwich.
426. *La guerre secrète*, tome I, *Origines des moyens spéciaux et premières victoires alliées* – Anthony Cave Brown.
427. *La guerre secrète*, tome II, *Le jour J et la fin du IIIe Reich* – Anthony Cave Brown.
428. *La droite, hier et aujourd'hui* – Michel Winock.
429. *L'obsession des frontières* – Michel Foucher.
430. *L'impardonnable défaite* – Claude Quétel.
431. *Le dernier empereur* – Jean Sévillia.
432. *Lucie Aubrac* – Laurent Douzou.
433. *Le déclin de Rome et la corruption du pouvoir* – Ramsay MacMullen.
434. *Le donjon et le clocher* – Éric Mension-Rigau.
435. *Histoire de l'Atlantique* – Paul Butel.
436. *Skorzeny, chef des commandos de Hitler* – Glenn B. Infield.
437. *Une histoire du XXe siècle*, tome I – Raymond Aron.
438. *Une histoire du XXe siècle*, tome II – Raymond Aron.
439. *Versailles après les rois* – Franck Ferrand.
440. *Précis de l'histoire de France* – Jules Michelet.
441. *L'assassinat d'Henri IV* – Jean-Christian Petitfils.
442. *De l'esprit de cour* – Dominique de Villepin.
443. *Figures de proue* – René Grousset.
444. *La saga des Hachémites* – Rémi Kauffer.
445. *Jacques et Raïssa Maritain* – Jean-Luc Barré.
446. *La chevalerie* – Dominique Barthélemy.

447. *Histoire de Rome* – Jean-Yves Boriaud.
448. *De Gaulle et l'Algérie française* – Michèle Cointet.
449. *Le clan des Médicis* – Jacques Heers.
450. *Histoire des grands-parents* – Vincent Gourdon.
451. *Histoire des grands scientifiques français* – Éric Sartori.
452. *Bir Hakeim* – François Broche.
453. *La mort de Napoléon* – Thierry Lentz.
454. *L'épopée de l'archéologie* – Jean-Claude Simoën.
455. *L'Égypte ancienne au jour le jour* – Christian Jacq.
456. *Histoire de Beyrouth* – Samir Kassir.
457. *Vaincre ou mourir à Stalingrad* – William Craig.
458. *Franklin D. Roosevelt* – André Kaspi.
459. *Louis-Philippe et sa famille* – Anne Martin-Fugier.
460. *Dans la Grèce d'Hitler* – Mark Mazower.
461. *Malaise dans la civilité ?* – Claude Habib, Philippe Raynaud (dir.).
462. *Comprendre la guerre. Histoire et notions* – Laurent Henninger, Thierry Widemann.
463. *Le guide des élections américaines* – Nicole Bacharan, Dominique Simonnet.
464. *Malaparte* – Maurizio Serra.
465. *L'Algérie des passions, 1870-1939* – Pierre Darmon.
466. *Le roman de Marrakech* – Anne-Marie Corre.
467. *René Char* – Laurent Greilsamer.
468. *Marie-Thérèse d'Autriche* – Jean-Paul Bled.
469. *La synarchie, le mythe du complot permanent* – Olivier Dard.
470. *Le Versailles de Louis XIV* – Mathieu Da Vinha.
471. *Norbert Elias et le XXe siècle* (dir. Quentin Deluermoz).
472. *La reine Astrid* – Pascal Dayez-Burgeon.
473. *Le Chemin des Dames* (dir. Nicolas Offenstadt).
474. *Encyclopédie de la Grande Guerre*, tome I (dir. Stéphane Audoin-Rouzeau et Jean-Jacques Becker).
475. *Encyclopédie de la Grande Guerre*, tome II (dir. Stéphane Audoin-Rouzeau et Jean-Jacques Becker).
476. *Hitler*, tome I, *20 avril 1889-octobre 1938* – John Toland.
477. *Hitler*, tome II, *Novembre 1938-30 avril 1945* – John Toland.
478. *Jacques Cœur* – Jacques Heers.
479. *Les maréchaux soviétiques parlent* (prés. Laurent Henninger).
480. *La vie des Huns* – Marcel Brion.
481. *Histoire de Belgrade* – Jean-Christophe Buisson.

482. *Allemagne IIIe Reich* – Mathilde Aycard, Pierre Vallaud.
483. *Le Moyen Age, ombres et lumières* – Jean Verdon.
484. *La saga des Habsbourg* – Jean des Cars.
485. *Aimé Césaire* – Romuald Fonkoua.
486. *L'art du commandement* – John Keegan.
487. *L'histoire des papes, de 1789 à nos jours* – Bernard Lecomte.
488. *Vercingétorix* – Paul M. Martin.
489. *Le défilé des réfractaires* – Bruno de Cessole.
490. *Hitler parle à ses généraux* (prés. Helmut Heiber).
491. *Hermann Goering* – François Kersaudy.
492. *L'affaire des Poisons* – Jean-Christian Petitfils.
493. *Les trente glorieuses chinoises* – Caroline Puel.
494. *La résistance allemande à Hitler* – Joachim Fest.
495. *Histoire des auteurs* – Isabelle Diu, Elisabeth Parinet.
496. *Madame du Barry* – Jacques de Saint Victor.
497. *Dominique de Roux* – Jean-Luc Barré.
498. *Thierry Maulnier* – Étienne de Montety.
499. *Tocqueville* – Jean-Louis Benoît.
500. *Combattant de la France Libre* – Jean-Mathieu Boris.
501. *Himmler*, tome I, *1900-septembre 1939* – Peter Longerich.
502. *Himmler*, tome II, *septembre 1939-mai 1945* – Peter Longerich.
503. *Portraits-souvenirs* – Alain Duhamel.
504. *Le complexe de l'autruche* – Pierre Servent.
505. *L'abbé Mugnier* – Ghislain de Diesbach.
506. *Le Prince* – Nicolas Machiavel.
507. *La traque d'Eichmann* – Neal Bascomb.
508. *Churchill et Hitler* – François Delpla.
509. *Histoire de la Corse et des Corses* – Jean-Marie Arrighi, Olivier Jehasse.
510. *De la guerre en Amérique* – Thomas Rabino.
511. *Histoire du Japon médiéval* – Pierre-François Souyri.
512. *1492, un monde nouveau ?* – Bartolomé et Lucile Bennassar.
513. *Napoléon et la guerre d'Espagne* – Jean-Joël Brégeon.
514. *Bismarck* – Jean-Paul Bled.
515. *La Lorraine des ducs* – Henry Bogdan.
516. *Morts pour Vichy* – Alain Decaux.
517. *La duchesse de Chevreuse* – Denis Tillinac.
518. *Histoire intellectuelle des droites* – François Huguenin.
519. *Les crimes de la Wehrmacht* – Wolfram Wette.

520. *L'exode* – Éric Alary.
521. *Les soldats de la honte* – Jean-Yves Le Naour.
522. *Histoire des États-Unis,* tome I, *L'ascension, 1865-1974* – Pierre Melandri.
523. *Histoire des États-Unis,* tome II, *Le déclin ?, Depuis 1974* – Pierre Melandri.
524. *Talleyrand* – Louis Madelin.
525. *Histoire des murs* – Claude Quétel.
526. *Les miscellanées d'un Gallo-Romain* – Lucien Jerphagnon.
527. *Anne de Bretagne* – Philippe Tourault.
528. *Charlemagne* – Georges Minois.
529. *Diên Biên Phu* – Pierre Pellissier.
530. *La dernière chance* – Yves-Marie Bercé.
531. *À la recherche du temps sacré* – Jacques Le Goff.
532. *Les Hohenzollern* – Henry Bogdan.
533. *Paris révolutionnaire* – G. Lenotre.
534. *L'homme Napoléon* – Louis Chardigny.
535. *Hitler chef de guerre* – Philippe Masson.
536. *Histoire du Consulat et de l'Empire* – Jean-Paul Bertaud.
537. *Hitler et le Vatican* – Peter Godman.
538. *Souvenirs de la campagne de France* – Baron Fain.
539. *Les derniers secrets du Vatican* – Bernard Lecomte.
540. *Dictionnaire des fascismes et du nazisme,* tome I, *A-M* – Serge Berstein, Pierre Milza.
541. *Dictionnaire des fascismes et du nazisme,* tome II, *N-Z* – Serge Berstein, Pierre Milza.
542. *Ciano* – Michel Ostenc.
543. *Histoire de la marine allemande* – François-Emmanuel Brézet.
544. *Kang Sheng* – Roger Faligot, Rémi Kauffer.
545. *Histoire du Maroc* – Michel Abitbol.
546. *La naissance du capitalisme au Moyen Age* – Jacques Heers.
547. *De Gaulle, la République et la France Libre* – Jean-Louis Crémieux-Brilhac.
548. *Charles Péguy* – Arnaud Teyssier.
549. *La saga des Windsor* – Jean des Cars.
550. *Berty Albrecht* – Dominique Missika.
551. *Histoire du football* – Paul Dietschy.
552. *Stauffenberg* – Jean-Louis Thiériot.
553. *Requiem pour un empire défunt* – François Fejtö.

554. *Histoire anecdotique de la Première Guerre mondiale* – Gérard Guicheteau, Jean-Claude Simoën.
555. *Paris libéré, 1944-1949* – Antony Beevor, Artemis Cooper.
556. *La guerre totale* – Erich Ludendorff.
557. *La cour de France* – Jean-François Solnon.
558. *La grande fracture* – Michel Winock.
559. *Histoire de la Prusse* – Christopher Clark.
560. *Le Monde. Les grandes crises politiques françaises, 1958-2014* (dir. Gérard Courtois).
561. *Alésia* – Jean-Louis Voisin.
562. *La première guerre d'Hitler* – Thomas Weber.
563. *Les guerres de Louis XIV* – John A. Lynn.
564. *Monarchies et royautés de la préhistoire à nos jours* – Roland Mousnier.
565. *La Waffen-SS*, tome I – Jean-Luc Leleu.
566. *La Waffen-SS*, tome II – Jean-Luc Leleu.
567. *Louis XIII*, tome I – Jean-Christian Petitfils.
568. *Louis XIII*, tome II – Jean-Christian Petitfils.
569. *Sigmaringen* – Jean-Paul Cointet.
570. *Colbert* – François d'Aubert.
571. *Marignan, 1515* – Didier Le Fur.
572. *Grandeur et misère de l'Armée rouge* – Jean Lopez, Lasha Otkhmezuri.
573. *A la recherche de Winston Churchill* (dir. Pierre Assouline).
574. *Le Régent* – Philippe Erlanger.
575. *Azincourt, 1415* – Dominique Paladilhe.
576. *Sept générations d'exécuteurs. Mémoires des Sanson* – présentés par François-Henri Désérable.
577. *Napoléon à Sainte-Hélène* – Paul Ganière.
578. *Le nazisme, régime criminel* (dir. Marie-Bénédicte Vincent).
579. *Madame de Maintenon* – Jean-Paul Desprat.
580. *Le Moyen-Orient pendant la Seconde Guerre mondiale* – Christian Destremau.
581. *Le grand tournant* – Paul Kennedy
582. *Madame Roland, une femme en Révolution* – Pierre Cornut-Gentille.
583. *Néfertiti et Akhénaton* – Christian Jacq.
584. *Montesquieu* – Alain Juppé.
585. *Le fil de l'épée* – Charles de Gaulle.

Imprimé en France par CPI
en septembre 2015

pour le compte des Éditions Perrin
12, Avenue d'Italie 75013 Paris

Composition réalisée par Nord Compo

N° d'impression : 2018384
Dépôt légal : mars 2015
Suite du premier tirage : septembre 2015
K05020/03